仲卸人が教える

本当においしい
野菜・果物の
見分け方

青果仲卸人
藤井雅人
FUJII MASAHITO

幻冬舎MC

仲卸人が教える

本当においしい

野菜・果物の見分け方

プロローグ

スーパーの青果売り場には、毎日色とりどりの野菜や果物が並んでいます。果物であれば、春にはいちご、夏にはスイカ、冬にはりんごやみかんなど。買い物客は売り場に並ぶ青果を通して、季節の移り変わりを感じます。

なかでも、初夏になると鮮やかな黄緑色で青果売り場を彩るのが〝シャインマスカット〟です。上品なマスカット香をもち、酸味が少なく、糖度が高いことから人気のある高級ぶどうです。家族の記念日や自分へのご褒美として購入する人も多いと思います。せっかく奮発して買うのであればより甘く、香り高いものを選びたいと思うのは当然のことです。しかし、ほとんどの人は見分けるための正しい知識をもっていません。そのため「思ったほどおいしくなかった」という残念な経験をしているのです。

シャインマスカットを購入するとき、多くの人は鮮やかなエメラルドグリーンで、透明感のあるみずみずしいものを選びます。しかしそれは大きな誤りです。実はシャインマスカットの場合、全体的に黄みがかった、一見すると鮮度が悪そうなもののほうが完熟していて香りも糖度もしっかりあり、おいしいのです。

これはほんの一例ですが、果物に限らず青果には、一般的にあまり知られていない、おいしいものを選ぶための〝目利き〟のポイントがあります。それを知っている人と知らない人とでは、同じ青果を購入しても、おいしさに天と地ほどの開きが出てしまうのです。

私は、青果の〝目利き〟のプロである仲卸人として、日本全国1000人以上の生産者とのつながりをもとに、八百屋さんや大手スーパーなどの青果販売店から毎日注文を受け、その時期にいちばんおいしい青果を納めています。しかし、大手スーパーなどにはさまざまな仲卸業者が納品しているため、青果の品質や価格は業者によってまちまちで青果売り場は玉石混淆です。消費者自身が良い青果を選べなければば、本来のおいしさを味わうことはできません。そんな状況を変えたいと思った私は、２０１７年に直営の八百屋を出店し、おすすめの青果の販売を始めました。直営店で青果を購入した人からは、今まで購入した青果とは、おいしさがまったく違ったと高い評価を頂き、２０２０年には5店舗目を出店しています。

しかし、お店に来られる人はほんのわずかです。もっと広く、青果のおいしさを伝えるために、今回本書を執筆することにしました。

本書では、青果についての基礎知識や、品種や産地、色や形、旬の時期などを基にした、プロしか知らない、おいしさの目利きポイントを紹介していきます。

こうした青果の目利きが分かれば、おいしい青果を選ぶことができるはずです。

この本を通して、読者の皆さんがもっと野菜や果物を好きになり、日々の買い物が楽しく、食卓が豊かになることを願っています。

仲卸人が教える　本当においしい野菜・果物の見分け方　目次

CHAPTER 3

トップ仲卸人が教える おいしい野菜・果物の見分け方

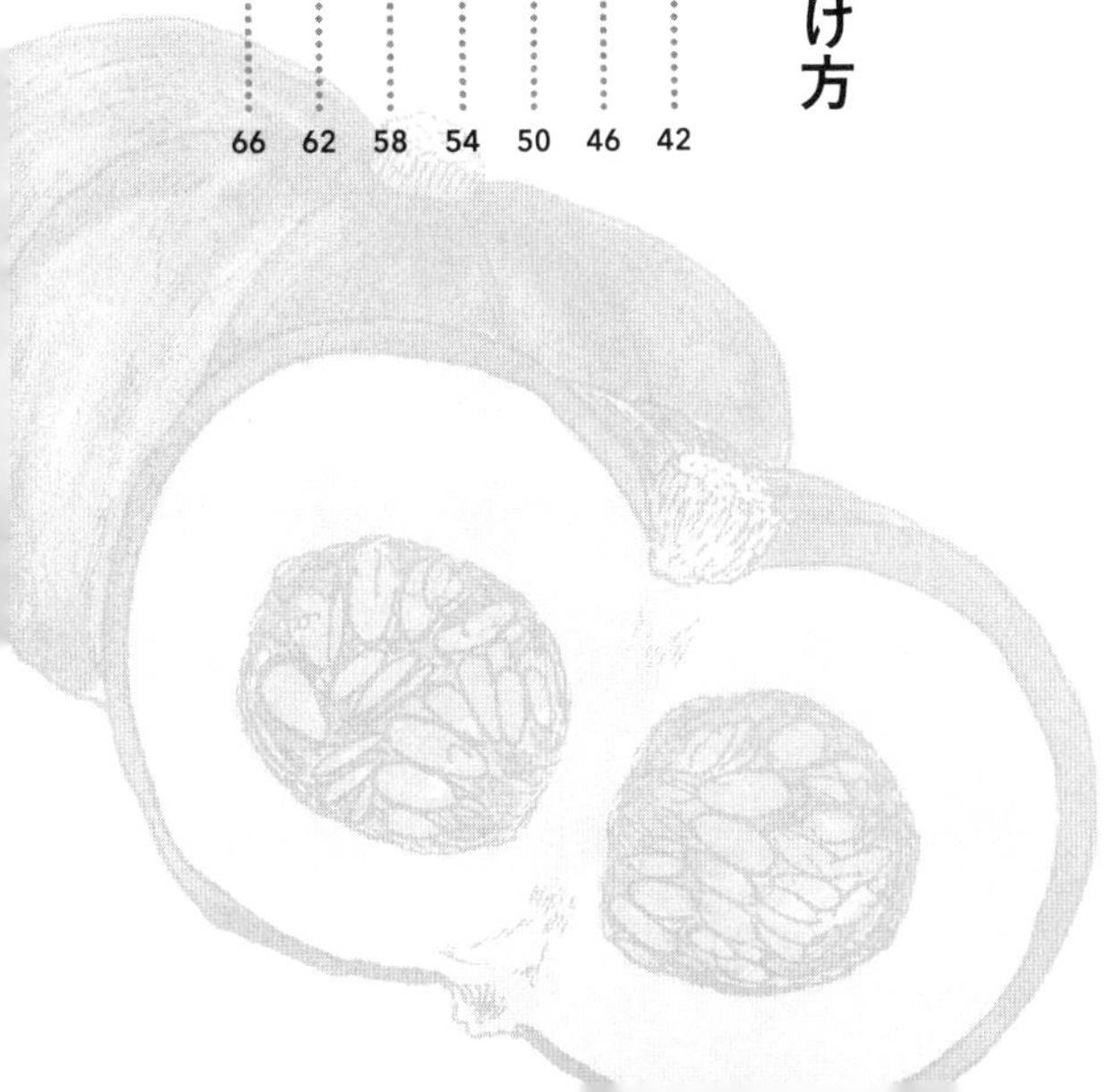

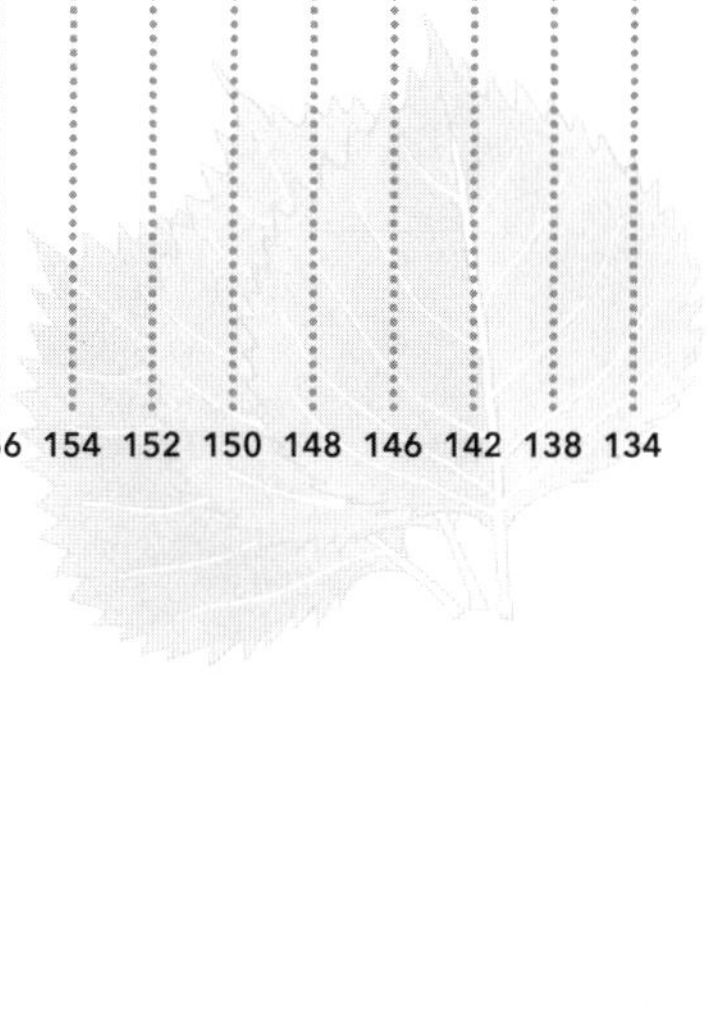

CHAPTER 1

青果目利きのプロ！仲卸人とは？

知られざる仲卸人の世界

取引価格の決定は相対取引が主流

卸売市場といえば、一人の売り手に対して、複数の買い手が競争して取引価格を決める「セリ」をイメージする人も多いと思います。

しかし、現在では相対取引という、売り手と買い手が値段や数量を直接交渉して決める方法が主流となっています。その背景には、大手スーパーの店舗数が増え青果の取り扱い数量が増加した、セリの終了時間がスーパーの開店時間に間に合わない、広告チラシに載せる価格は数日前に決める必要があるなどの事情があります。そのため、現在では一部の高級品の取引のみ、セリで行われています。

青果においても、高級品や希少価値の高い商品は、セリで取引されています。例えば２０１６年にセリに出された柿には、なんと2個で30万円もの値段がつけられました。30万円は、柿では当時国内最高金額でした。

その柿は「天下富舞《てんかふぶ》」という品種の、岐阜県特産の高級柿です。一般的な柿の糖度が15度くらいなのに対し、天下富舞は25度以上の糖度をもちます。また、天下富舞は生育が天候の影響を受けやすいことから希少価値が高いのです。そのため、毎年、天下富舞の初物が出るときにはセリが行われます。

青果仲卸人の仕事は、全国の市場や産地から青果を相対取引やセリなどで買い付けて、スーパーや外食産業、食品加工会社などへ販売、納品をすることです。同じ青果を扱う場合でも、大手スーパーは価格の安さを重視することが多く、高級志向の青果専門店などでは鮮度や色つやの良さ、栽培方法にこだわる場合が多いです。鮮度、見た目・色づき、産地、価格など、販売先ごとに異なる多種多様なニーズに合わせ、青果を調達するのです。そのためには青果を見極める目利き力と豊富な知識が求められます。扱う商品が農作物だけに、決して簡単なことではないのです。

数多の青果のなかから顧客のニーズに応える

　販売先のスーパーや八百屋さんのなかには、産地から直接、求める基準を満たす青果を仕入れたいと考えている店もあります。しかし、日本国内で流通している膨大な種類の青果のなかから価格や鮮度、品質、食味など、求める条件に適した青果を見つけるには、かなりの苦労を要します。また、取引をしたい仕入先が遠方にある場合は、契約を結んだり青果を仕入れたりするたびに、担当者が行き来しなければならず、時間や手間が掛かります。台風や地震が起こったときには仕入れがストップしてしまう危険性もあるのです。このようなリスクを考えて、直接仕入れを断念する店は多いのです。そこで、販売先の代わりに仕入れと仕分けを行い、それぞれの販売先が求める青果を販売する、仲卸人の存在が必要不可欠となります。

　生産地が同じキャベツにも、品種や等級、サイズなどさまざまな違いがありますが、仲卸人は「この品種が良い」というように、一つの基準に沿って限られたキャベツだけを買うのではありません。その日市場に出たすべてのキャベツを買って、品種や等級、サイズなどで仕分け、それぞれのキャベツを求める販売先に売るのです。顧客のニーズに的確に応えるべく、日々ベストを尽くしています。

青果流通の基本スケジュールは夕方注文、翌朝納品

私の会社では、毎日、夕方４～５時くらいにかけて、バイヤーに注文が入ります。仮に、キャベツのオーダーの集計数が１０００ケースだったとします。夕方５～６時くらいに卸売市場などから入荷明細が届きますが、その時点で１０００ケースからほど遠い２００ケースしか確保できないことは多々あります。数がぴったり合うことは一日もありません。

納品は翌日の朝です。つまり、12時間で残りの８００ケースを用意しなければならないのです。そこで全国の卸売市場や生産者とのネットワークが重要になってきます。青果の生育状況などの情報を頻繁に交換することで、あらゆる事態に対応できるのです。

逆に１０００ケースの注文に対して、卸売市場での入荷数が３０００ケースということも多々あります。１０００ケースしか要らないのですが、この場合も３０００ケースすべて買います。入荷数が多いのは、産地も市場も困っているということで、それを助ける意味もあります。強い仕入れ力や購買力があるというバイイング・パワーも仲卸人には求められるのです。

産地や市場に寄り添う気持ちをもつ仲卸人でいれば、欲しいものが手に入らなくて困っているときに、生産者や取引先の人間が青果を分けてくれたり、新しい産地などを紹介してくれたりと、必ず手を差し伸べてくれます。青果の売買は、お互いの信頼関係によって成り立っているのです。

最後に運送会社に、時間と場所の指示を出して、ようやく夕方の仕事が終わります。この数量調整機能と物流機能が仲卸人にとって生命線であり、これら

青果の流通の仕組み

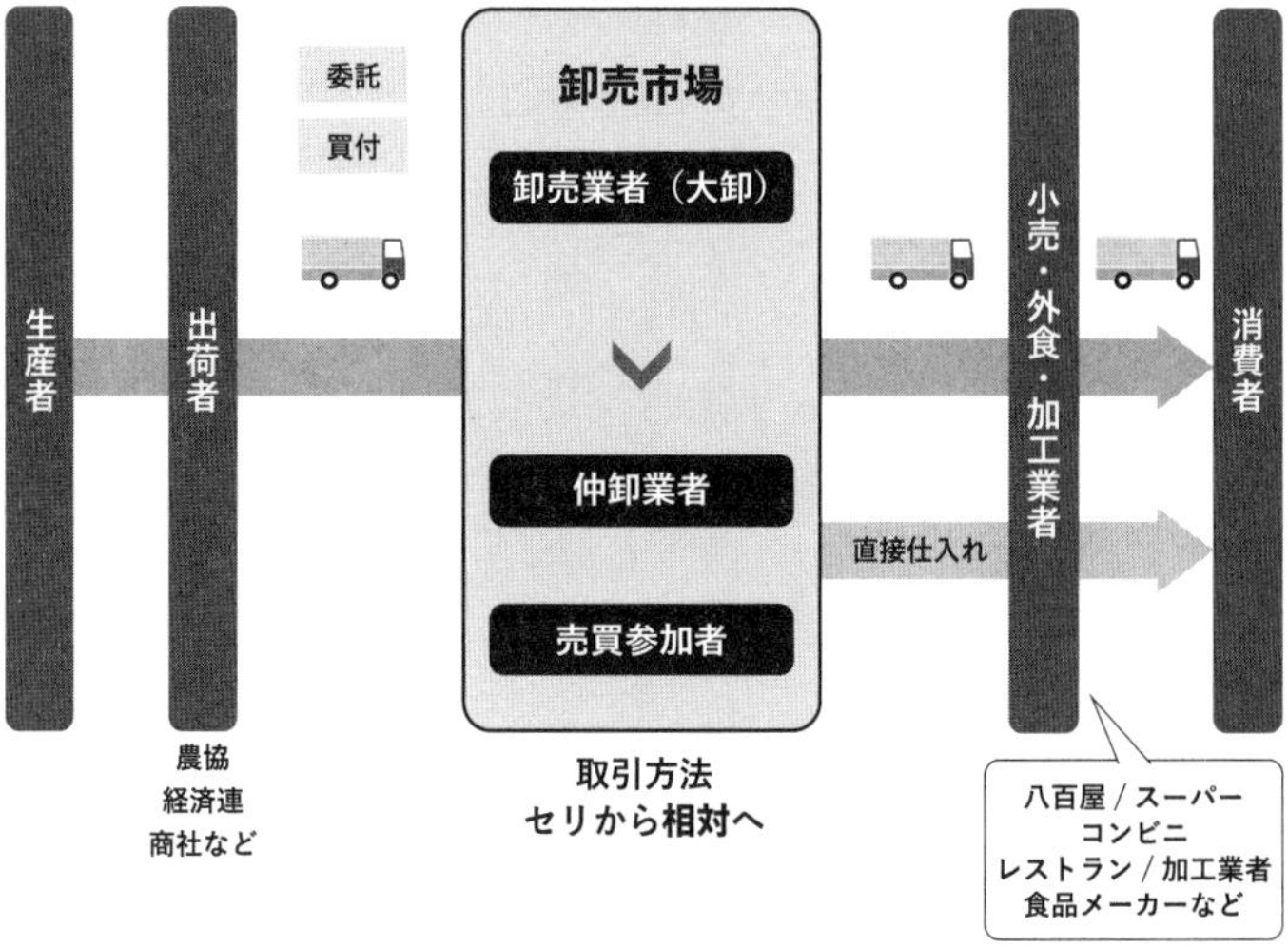

が機能不全に陥ると、取引先へ多大な影響が出ます。

毎日が綱渡りですが、注文の数と入荷量が合わないという課題に取り組むからこそ、仲卸人としての力量が鍛えられ、仕事に楽しさとやりがいが生まれるのだと思っています。

災害や悪天候による相場の乱高下にいち早く対応

工業製品の場合、仕入れも販売もある程度価格は決まっています。商品が一つ売れるごとの粗利益も何%と決められています。しかし、農作物は、台風などの自然災害や長雨、記録的な猛暑などの悪天候でキャベツが1玉1000円になったり、1箱（8個入）100円になることもあります。野菜が高騰するときは、災害などで壊滅的な被害を受けて数が少ないなかから出荷されるので、品質が低下しやすくなります。また、１箱１００円のキャベツを１万箱売ったとしても、人件費や輸送費もかかるためほとんど利益は出ません。このような相場の乱高下で今までどれほど苦労したか分かりません。

私の会社では、品目担当者には取引に関するすべての決定権を与えています。数量の調整と納品をスピーディーに行わなければならないので、いちいち許可を求めていては間に合わないのです。普通の会社であれば、何かを購入する際には、稟議書を書いたり、上司がその許可を出したりと複雑な手続きが必要ですが、私の会社において、社長である私から指示することは一切ありません。なかには年間10億円以上の仕入れを動かす担当者もいます。もちろん、失敗することもあります。値動きを予測しながら先手を打って仕入れなければ、１回の取引で何百万円という損金を出すことも珍しいことではありません。それを未然に防ぐための情報収集力も仲卸人には求められます。

天気予報や市場で情報を収集、分析

仲卸人は、旬や温度、天候、イベント事などをチェックし、それらによる青果の需要を測ります。例えば、天気予報で雨雲の動きや台風の進路を見て、産地が受ける影響を判断して仕入れの量を決めるのです。

私は仕入れのために毎日、夜中の3時には卸売市場にいます。そして、集荷された野菜や果物の量や品質、値動きなどから、この先の動きを予測します。

このように、さまざまな情報を集約、分析して、自分のなかで答えを導き出していくのです。とはいえ、それがはたして１００％正解かどうかも分かりません。石橋を叩いて渡るような慎重さとともに、揺るぎない心で断行する決断力が求められます。

鮮度や味の良い青果を見極める仲卸人の目利き力

スーパーなど販売先から求められるのは、やはり価格です。しかし、安かろう悪かろうでは仲卸人として失格です。限られた予算のなかで、いかに鮮度が良くておいしい青果を提供できるかで仲卸人の力量が決まります。

私の会社には品目ごとに総勢20名の専属バイヤーがいます。また、日本全国１０００以上の生産者とパイプをもっています。

バイヤーの知識と経験、そして生産者とのつながりを活かし、全国の八百屋さんやスーパー、デパート、レストランから毎日注文を受け、各販売先のニーズに合わせた青果を納めているのです。

仲卸人は青果を手で持っただけで鮮度や味が分かります。それは誰かに教わったわけではありません。毎日触っているうちに、知識としてではなく感覚で分かるようになったのです。

多くの青果に共通しているのは、大きくて、色や形が良く、ずっしりと重たいものがおいしいということです。メディアで「形が悪くてもおいしい」というフレーズを見聞きしますが、はなはだ疑問です。やはり、おいしい野菜や果物のほとんどはきれいな色や形をしているのです。また、採れたての青果は非常にみずみずしく、おいしさも格別です。私には産地を訪れたときに、その場で採れたての野菜や果物を食べさせてもらう機会がありますが、あまりのおいしさにいつも感動します。

おいしいものには、ストーリーがあります。青果のおいしさは、生産者がいちばん知っていますが、それを伝える術をもっていない方もいます。彼らの代弁者となり、青果のおいしさを伝えていくことも仲卸人の仕事だと思っています。

CHAPTER
2

おいしい青果を見分けるための第一歩！トップ仲卸人が教える野菜・果物の基礎知識

野菜と果物の分類

野菜は食べる部位や栄養素で分類できる

野菜や果物は、色や形、大きさなどの見た目もさまざまで、これらの分類法もいろいろあります。

野菜の場合、いちばん分かりやすいのが、食べる部位による分類と含まれる栄養素による分類です。

食べる部位による分類では、葉や茎を食べる「葉茎菜類」と、実を食べる「果菜類」、根を食べる「根菜類」の3つに分けられます。葉茎菜類には、ブロッコリーなどつぼみを食べる野菜も含まれます。ジャガイモやれんこん、にんにくなど、地下茎や根を食べる野菜は、根菜類に分類されます。

含まれる栄養素で分類される代表的な野菜が「緑黄色野菜」です。これは野菜の色による区別ではなく、β-カロテンの含有量が基準となっています。厚生労働省では、緑黄色野菜の定義として、「原則として可食部１００ｇ当たりのカロテン含有量が６００μｇ以上の野菜」と定めています。

ただし、この基準を満たさなくても食べる回数・量が多いトマトやピーマンは、緑黄色野菜に分類されます。

緑黄色野菜以外のものは「淡色野菜」（厚生労働省の定義では「その他の野菜」）に分類されます。馬鈴薯やサツマイモ、里芋、山芋などは、どちらにも分類されない「イモ類」になります。

野菜の分類

食べる部位による分類	栄養素による分類
葉茎菜類 キャベツ、レタス、アスパラガス、 セロリ、ブロッコリー　など 	**緑黄色野菜** 大葉、ほうれん草、小松菜、 ピーマン、パプリカ　など 
果菜類 きゅうり、トマト、ピーマン、 ズッキーニ、カボチャ　など 	**淡色野菜** 玉ねぎ、らっきょう、 大根、白菜　など 
根菜類 大根、ゴボウ、ニンジン、 れんこん、ジャガイモ　など 	**イモ類** サツマイモ、長芋　など 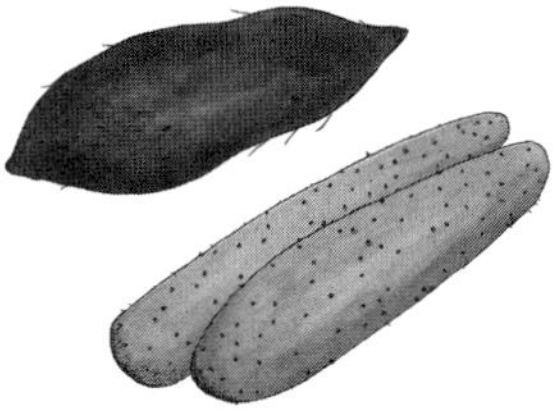

果物は種類や特徴などで分類できる

一般に果物と呼ばれるのは、果樹に実り、食用になる果実です。

果物には非常に多くの種類があり、農林水産省で生産量などを把握している果樹だけでも100品目以上あります。また、同じ種類の果物でも、品種の違いなどがあるため、果物にはさまざまな分類方法があります。例えば、目や科、属、種という区分によって分ける「自然分類法」や、花や実（可食部）の構造などで分ける「形態的分類」、樹の大きさや原産地の気候などで分ける「生態的分類」などです。

これらの分類方法は非常に細かいので、ここでは簡単に、いくつかの分類方法について説明します。

まずは、中心部に大きな種が一つ入っている「核《かく》果《か》果実」です。桃や梅、さくらんぼなどがそうです。核果果実は、内果皮と呼ばれる、実の中の種子を直接包んでいる部分がかたくなっている（木質化している）ことが特徴です。桃や梅、さくらんぼなどは多肉質な中果皮を食べるタイプの核果果実ですが、なかには銀杏のように、内果皮の中の種子を食べるものもあります。

核果果実のほかにも、温州みかんに代表されるさわやかな香りと甘酸っぱい味が特徴の「柑橘類果実」、りんごや梨など花びらや萼《がく》の下の花托という部分が成長して果肉となった「仁《じん》果《か》果実」もあります。仁果果実では、果実の芯にあたる部分を「仁」と呼びます。

ほかにも、ぶどうやキウイフルーツなど長い枝を伸ばす「つる性果樹」や、バナナやマンゴーなど熱帯または亜熱帯を原産とする「熱帯産果実」、樹木に実らないメロンやスイカ、いちごなどの「果実的野菜」などに分類されます。

果物の分類

種類別の分類	
核果果実 桃　など 	**つる性果樹** ぶどう　など 
柑橘類果実 温州みかん、いよかん、 しらぬい、甘夏　など 	**熱帯産果実** バナナ、マンゴー　など 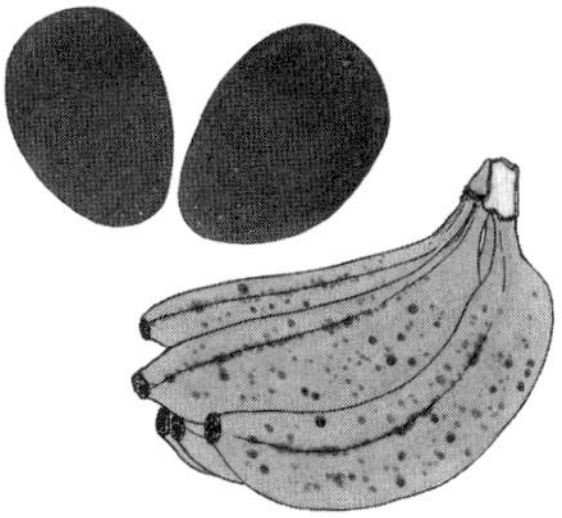
仁果果実 りんご、柿　など 	**果実的野菜** メロン、スイカ、いちご　など 

野菜と果物の栄養素

「ちょっと体の調子が……」
というときは野菜を！

野菜には、ビタミンやミネラルなど身体の調子を整える栄養素が豊富に含まれています。

特に最近では、食事を摂る際に、まず野菜から食べる「ベジファースト」が注目を集めています。これは野菜に含まれる食物繊維に血糖値の急激な上昇を抑える働きがあるからです。糖尿病や動脈硬化の予防のみならず、ダイエットにもつながります。

野菜に含まれる栄養素を比較するとき、よく「可食部１００ｇ」など、グラム数を統一して比べると思います。しかし、同じ１００ｇでも根菜類と葉物野菜では大きな差があります。例えば、直径８・４㎝の大根だと、皮を剥いて２㎝の高さの輪切りにした一片が、大体１００ｇです。それに対し、レタスは標準的なサイズで約４００ｇなので、１００ｇは約４分の１玉だと考えられます。そのため、野菜の栄養素を比較するならば、グラム数ではなく、一皿分や一口分で比べたほうが分かりやすいのです。

野菜の主な栄養素の一つは、緑黄色野菜に多く含まれるβ－カロテンです。体内に入ると、ビタミンＡに変換され、皮膚や粘膜を健康にする働きがあります。β－カロテンはしそやモロヘイヤ、ニンジンに多く含まれます。

パプリカやピーマンにはビタミンＣが豊富です。ビタミンＣには強い抗酸化作用があり、風邪を引きに

一口分に含まれる栄養価ランキング

	β-カロテン	ビタミンC	ビタミンB_1	ビタミンB_2
1位	 ニンジン	 ピーマン（火を通さないもの）	 そら豆	わらび
2位	しそ	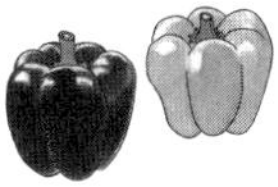 パプリカ	ブロッコリー	 ブロッコリー
3位	モロヘイヤ	ブロッコリー	 枝豆	マッシュルーム

くするなど免疫力を高めるといわれています。ほかにもストレスから身体を守ったり、花粉症の症状を抑えたり、美肌効果もあります。

　ビタミンB_1が多く含まれるのは、枝豆やそら豆、にんにくなどです。ビタミンB_1は、糖質をエネルギーに変換するときに必要な栄養素で、特に米を主食とする日本人には欠かせません。疲労回復効果もあります。ほうれん草やブロッコリーに多く含まれるビタミンB_2は、脂質の代謝を促進する働きがあります。皮膚や粘膜、髪、爪などの再生を促進することから、「発育のビタミン」と呼ばれています。

　野菜の栄養素は、ほかにもナトリウムを排出して血圧を正常に保つカリウムや、血液中の酸素を運搬する働きをする鉄分、骨や歯を丈夫にするカルシウムなどが挙げられます。

　「ちょっと体の調子が……」というときは、たっぷりの野菜を食べることをおすすめします。

野菜と果物の産地

日本では気候や風土に根ざした野菜作りが行われている

日本の地形は南北に長く、北海道と九州・沖縄では気温や湿度など、気候がそれぞれ違います。そのため、地域ごとに栽培する青果の品目も異なります。

夏だけみても、北海道では昼夜の寒暖差があることや、日照時間が長いことから、アスパラガスやメロンなどの甘味が強い青果が育ちます。北海道産のジャガイモやカボチャのホクホク感も、この温度差によって生まれるのです。長野県や山梨県、群馬県、岐阜県の高冷地も夏の冷涼な気候を活かして、キャベツやレタス、白菜などを栽培しています。それらは高原野菜として流通しています。

東北地方は、冬こそ寒さは厳しいですが、春から秋までの気候は青果、特に果物の栽培に適しています。青森県のりんごや山形県のさくらんぼ、福島県の梨、桃などが有名です。

関東地方屈指の農産地といえば、千葉県と茨城県です。サツマイモの紅はるかやシルクスイート、収穫量日本一のメロンなど良質な青果は、茨城県の年平均13〜14・5℃の高い気温と平坦で広大な地形、利根川や霞ヶ浦など豊富な水資源の賜物です。

冬でも比較的温暖な気候の九州では、熊本県の長ナスやデコポン、宮崎県のきゅうりやマンゴー、鹿児島県のサツマイモや甘夏が名産です。

青果は産地をリレーしながら1年中売り場に並ぶ

また、同じ野菜でも地域ごとに収穫時期が違うため、売り場に並ぶ野菜の産地も、季節によって異なるのです。

例えば、冬の終わりから春にかけては、愛知県産のキャベツが全国に出回りますが、6月頃から茨城県産のもの、準高冷地の長野県などのもの、そして夏には群馬県などの高冷地で栽培されたもの、という順に産地をリレーします。

これはキャベツのみならず、ほかの野菜も同様です。

野菜や果物を、安定した価格で季節を問わず提供できるのは、産地のリレーという仕組みがあるからなのです。

予冷技術の発達で全国の青果が食卓に届くように

野菜や果物は、産地から農協などの出荷団体に送られ、その後卸売市場、小売業者を経て、消費者の手に渡るのが基本的なパターンです。

昔の日本では、傷みやすい青果は、輸送時間の都合で大都市の近くでしか生産できませんでした。しかし、予冷技術や保冷車などが発達したことで、青果の流通に変化が起きました。予冷とは、収穫した野菜や果物を、出荷前に冷やしておくことです。青果の多くは、産地で予冷されてから、保冷車によって市場などに出荷されます。

これらの技術開発によって、現在では、地方でもさまざまな青果を栽培したり、収穫した青果を全国の食卓へ届けたりすることもできるようになったのです。

各都道府県の青果の名産

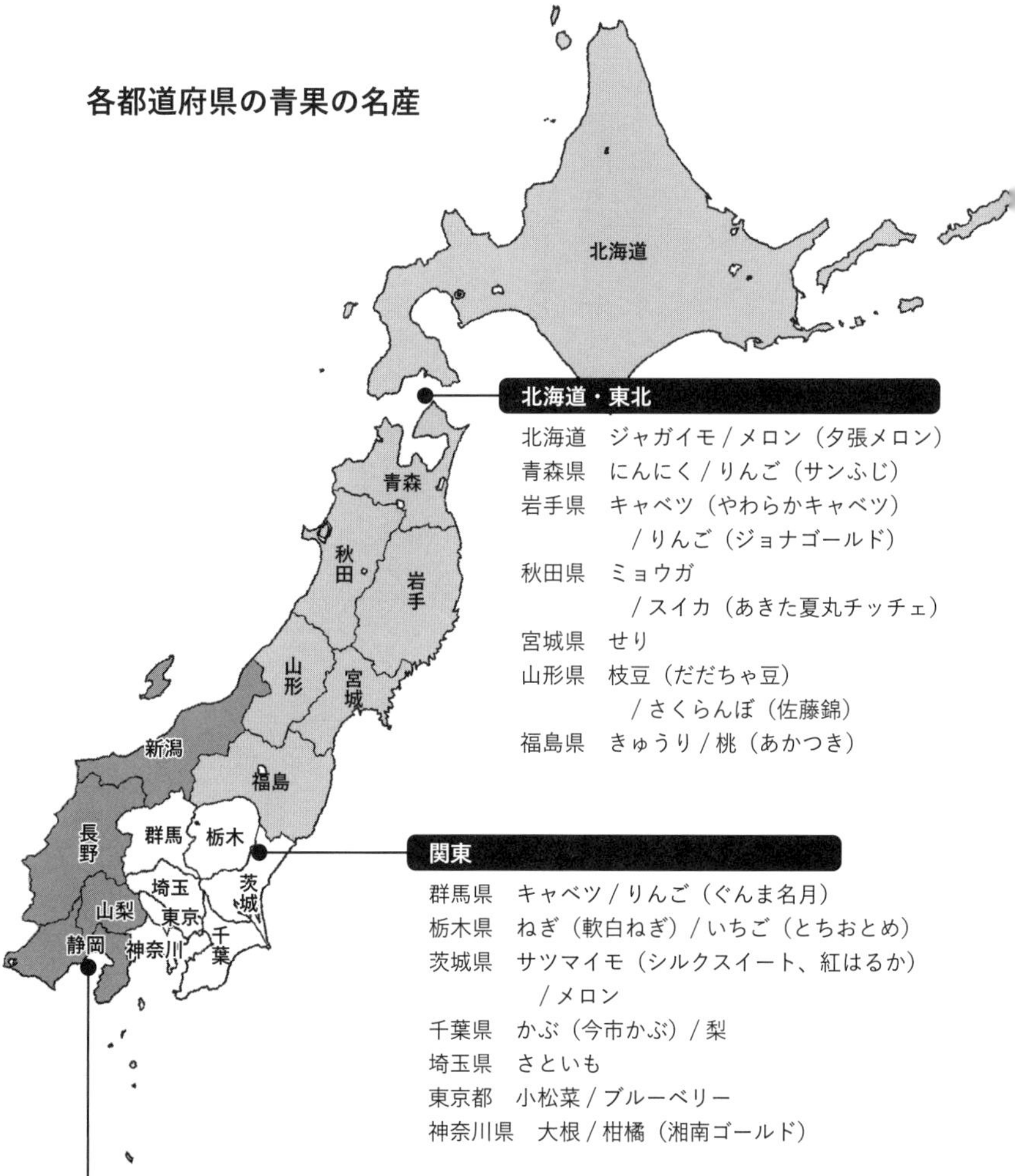

北海道・東北

北海道　ジャガイモ / メロン（夕張メロン）
青森県　にんにく / りんご（サンふじ）
岩手県　キャベツ（やわらかキャベツ）
　　　　/ りんご（ジョナゴールド）
秋田県　ミョウガ
　　　　/ スイカ（あきた夏丸チッチェ）
宮城県　せり
山形県　枝豆（だだちゃ豆）
　　　　/ さくらんぼ（佐藤錦）
福島県　きゅうり / 桃（あかつき）

関東

群馬県　キャベツ / りんご（ぐんま名月）
栃木県　ねぎ（軟白ねぎ）/ いちご（とちおとめ）
茨城県　サツマイモ（シルクスイート、紅はるか）
　　　　/ メロン
千葉県　かぶ（今市かぶ）/ 梨
埼玉県　さといも
東京都　小松菜 / ブルーベリー
神奈川県　大根 / 柑橘（湘南ゴールド）

中部 I

新潟県　舞茸 / 西洋梨（ル・レクチェ）
長野県　レタス / ぶどう（巨峰）
山梨県　トウモロコシ / 桃（白鳳）
静岡県　わさび / 温州みかん（青島温州）

沖縄

沖縄県　ゴーヤー / パイナップル

近畿

三重県　筍／温州みかん（極早生）
滋賀県　水菜
京都府　松茸／栗
奈良県　ナス／柿
大阪府　ナス（水ナス）／ぶどう（デラウェア）
和歌山県　絹さや／温州みかん（早生）
兵庫県　玉ねぎ

中国・四国

岡山県　マッシュルーム
　　　／ぶどう（シャインマスカット）
広島県　くわい／レモン
鳥取県　らっきょう／梨（二十世紀）
島根県　あすっこ／ぶどう（デラウェア）
山口県　わさび／夏みかん
香川県　レタス
徳島県　すだち／温州みかん
愛媛県　さといも／いよかん
高知県　ショウガ／文旦

九州

福岡県　ねぎ（万能ねぎ）
　　　／いちご（あまおう）
佐賀県　アスパラガス
　　　／温州みかん（ハウス栽培）
長崎県　トマト（西海トマト）／びわ
大分県　ねぎ／かぼす
宮崎県　きゅうり／マンゴー（太陽のタマゴ）
熊本県　ナス（長ナス）／しらぬい（デコポン）
鹿児島県　サツマイモ／甘夏

中部Ⅱ

愛知県　ミニトマト／いちじく
岐阜県　枝豆／柿（富有）
富山県　ねぎ（白ねぎ）／柿（枯露柿《ころがき》）
石川県　サツマイモ（五郎島金時）
　　　／ぶどう（ルビーロマン）
福井県　らっきょう／うめ

（　）内はおすすめの品種、ブランド名、収穫時期、栽培方法など

野菜と果物の旬

青果の旬は人間の体の周期とつながっている

旬とは、その野菜や果物がいちばんおいしく食べられる時期のことを指すだけではありません。私たちの体が必要としている栄養を、野菜や果物がたっぷりと蓄えている時期でもあるのです。

新陳代謝が下がって消化が悪くなる冬には、繊維質が多いゴボウなど、消化を助ける野菜や果物が旬を迎えます。体の活動が徐々に活発になる春には、アスパラガスなどの春野菜が細胞の活性化を促します。夏は暑さで体のリズムがおかしくなりがちなので、体を冷やして新陳代謝を整えてくれるきゅうりや、水分補給になるスイカなどが重宝されます。秋はビタミンを多く含むニンジンや、消化を促す柿といった青果が、夏バテ回復や冬への備えに役立ってくれます。それぞれの季節で旬を迎える食材は、私たちがその季節に求める栄養を豊富に含み、人間の健康維持において重要な役割を果たすのです。

初物を食べると七十五日寿命が延びる?

旬には、収穫の時期ごとに「走り」と「旬」、「名残」に分類されます。この細分化された旬の味こそが、日本の食文化の豊かさを物語っているのです。

まず、その季節に初めて収穫され、市場に出回り始めた「走り」。いわゆる「初物」や「新物」のことを指します。

日本では、昔から初物は縁起が良いという考え方があります。また、初物を食べると七十五日寿命が延びて長生きできることを意味する「初物七十五日」ということわざもあります。その由来は、江戸時代のある死刑囚の言動が始まりといわれています。

江戸時代、町奉行には死刑囚への最後の温情として、「食べたいものがあれば、何でも与える」という風習があり、その死刑囚は、一日でも寿命を延ばそうと、季節外れの食物を所望しました。

当時はハウス栽培も養殖もできなかったため、今のように、1年中何でも食べられるわけではありませんでした。結果、初物が出回るまで待つことになりました。こうして死刑囚は七十五日生き延びることができたのです。これが江戸庶民の間で「初物を食べると七十五日長生きできる」といわれるようになった理由です。

旬の食材を組み合わせて より季節感を味わう「であいもの」

初物の野菜や果物の味には、柔らかさやみずみずしさがあります。しかし、収穫量が少ないので、その希少さから値段は高くなります。それでも食べたいと思うのは、新しい季節の訪れを待ち望む気持ちの表れなのでしょう。

次に「旬」です。「盛り」とも呼ばれ、その名のとおり、いちばんおいしい盛りのことです。特に旬の野菜は、味はもちろん、香りも豊かで、さまざまな調理法で楽しむことができます。

旬が終わる食材を「来年もまたおいしく食べられますように」と名残惜しみながら感謝して頂くのが、

「名残」です。野菜や果物は、旬が過ぎると、細胞が成熟して繊維がしっかりとしてきます。その半面、旨味や甘味が濃くなるものもあります。

さらに、日本には旬の野菜と魚介を組み合わせた「であいもの」という食文化があります。

筍と新ワカメの若竹煮や、秋刀魚とすだち、ぶり大根などは、互いに味や香りを引き立て合って、より季節感を高めてくれます。

旬の野菜と果物は、味だけでなく身体にも優しい

冬の寒さを乗り越えた春の野菜は、とてもみずみずしく、栄養もたっぷりと詰まっています。また、ほんのりとした苦味と香りがあります。果物のなかでは、いちごやしらぬい、甘夏などが春に旬を迎えます。

カボチャなどの夏の野菜は、強い太陽の光を浴びて育ち、味が濃厚で生で食べられるものもたくさんあります。身体にこもった熱を下げるカリウム、疲労回復効果のビタミンB_1、B_2なども含んでいます。夏が旬の果物であるスイカやメロンなどにも、同じ働きがあります。

秋に出回る野菜は、冬の寒さに備えてデンプンやビタミン、食物繊維などが豊富な根菜類が多いのが特徴です。水分が少ないですが、加熱することで甘味が増します。果物のなかで最も糖度の高いぶどうと、食物繊維やシブオールなどの栄養をもつ柿は秋を代表する果物です。

冬の野菜は、寒さで凍らないように細胞に糖を蓄えるため糖度の高いものが多いです。ビタミンやβ-カロテンが多く含まれるものも多く、風邪予防にも効果があります。

果物では、ビタミンCなどを含むりんごや温州みかんなどが冬に旬を迎えます。

果物の旬と四季ごとの野菜の特徴

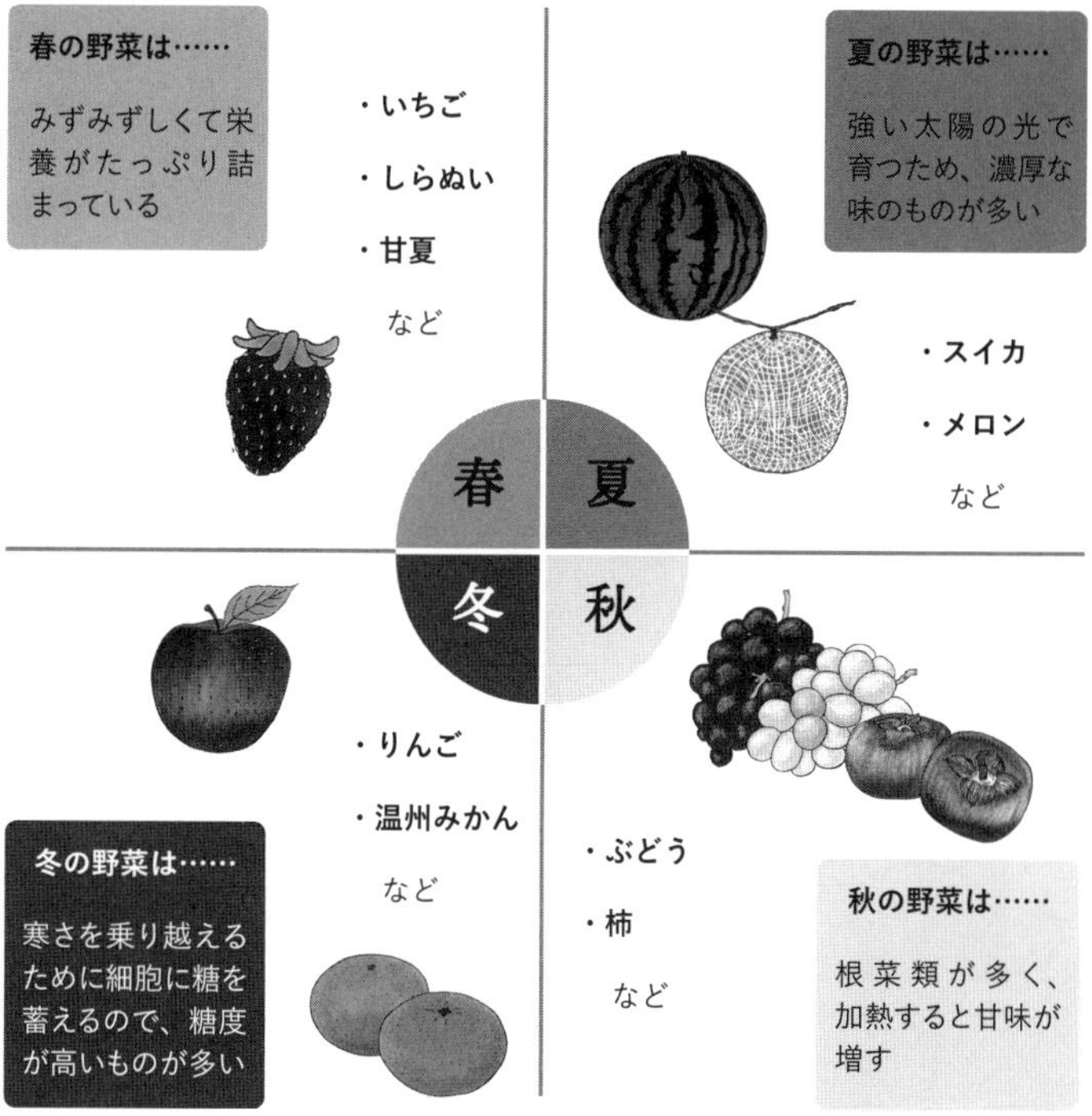

野菜と果物の栽培方法

露地栽培と施設栽培のメリットとデメリット

野菜や果物は、種類ごとに栽培方法が異なります。生産者のこだわりもあるので、栽培方法は、青果の種類と生産者の数だけあるといっても過言ではありません。

栽培方法は千差万別ですが、基本的な方法は2つに分類することができます。

農業と聞いて、多くの人が最初にイメージするのが、屋根のない屋外の畑で育てる露地栽培だと思います。

露地栽培は、野菜や果物が本来育つ季節に合わせて種まきや植え付け、収穫をするので、青果本来の味や香りが楽しめるのが特徴です。

ビニールハウスなどの設備やメンテナンスに高額な費用のかかる施設栽培と比べて、コストが安く済みます。また、季節に応じて栽培する作物を変えることができるのもメリットの一つです。

ただし、自然に近い環境下で育てられるので、生育が天候に大きく左右されます。病害虫の防除対策も必要です。

ビニールハウスやガラス温室など人為的に作り出した生育環境で育てる施設栽培の特徴は、温度や日射量、水分量がある程度コントロールできることです。

そのため、年間を通じて作物を栽培することができるのです。生産者にとって、市場単価が高い時期に合わせて出荷できるのは収益アップにつながります。

また、完全にとはいかないまでも外気を遮断することができるため、病害虫や雑草の種の侵入をある程度防ぐことができるほか、天候に左右されることなく作業ができるのも大きなメリットです。

しかし、施設栽培にはコストがかかるというデメリットがあります。そのうえ、台風などの災害で施設が倒壊した場合、被害額が甚大なものになる恐れもあります。

青果にも人間同様に時期に合わせた育て方がある

青果を育てる際に欠かせないのが、窒素、リン酸、カリウムです。窒素は葉菜、リン酸はトマトなど果菜類の栽培に必要で、カリウムは根を伸ばすための栄養素です。しかし、この3種類だけで青果を育てられるわけではありません。

青果の栽培には、この3つのほかに、酸素、炭素、マグネシウム、水素、カルシウム、鉄、銅、亜鉛、塩素、モリブデン、硫黄、マンガン、ホウ素の13の要素が必要です。

合計16の要素のなかで、窒素とリン酸、カリウムを「肥料の3要素」、この3つにカルシウムとマグネシウムを足した5つを「肥料の5要素」といいます。また、青果が必要とする量が特に多く、かつ不足しがちなものを多量要素、あまり多量には必要としないものを微量要素と呼びます。

それらを青果一つひとつに適切に与えられるかどうかが、その青果の質の良し悪しにもつながるのです。

人間は、生まれたばかりの頃はミルクしか飲まず、成長するにつれて離乳食や大人と同じ食事を食べられるようになっていきます。そして、年齢や体の状態などに応じて、体が必要とする栄養素が変わるのです。

例えば、成長期には身体活動のためのエネルギーと、成長に必要なエネルギーを摂取しなければならず、たんぱく質や鉄、カルシウムなどを十分に摂ることが大切です。

体が必要とする栄養素をきちんと摂取できなければ、体調を崩したり、その後の発育に影響したりする可能性があります。摂取不足はもちろんですが、摂りすぎても病気の原因などになりかねません。大切なのは、体が求めている栄養素を適切な量、摂取することなのです。

野菜や果物も、人間と同じように、時期や状態によって必要な栄養素が異なるのです。種の時期、芽を出し大きくなり始めた時期、果実を実らせる時期などそれぞれの時期で、また、個体に応じて青果の栄養状態は違います。そのため、青果をおいしく健康に育てるには、状態に応じて栄養素の与え方を変える必要があるのです。

クオリティの高い青果を育てる 生産者こそ青果業界の主役

生産者たちは皆、こだわりをもって野菜や果物を作っています。

愛知県豊橋市にある有限会社アグリライフの代表取締役・水鳥高道さんは、ミニトマトやベビーリーフ、ブロッコリー、トウモロコシなど、15種類ほどの野菜を育てています。そして、それらの野菜のほぼすべてを、私の会社を通じて愛知県、岐阜県のスーパーに納めています。

彼の作るミニトマトは、コンピュータ制御のハウスで温度や日射量、二酸化炭素濃度を計算して栽培

有限会社アグリライフ代表取締役・水鳥高道さん

しています。糖度の高さが特徴で、現在ではヒット商品になっています。

水島さんとの出会いは25、6年前にさかのぼります。当時は産地直送野菜がブームで、彼は生産者グループの一員として、大手スーパーに野菜を卸していました。

水島さんが作る野菜は当時から非常にクオリティが高かったので、私はなんとか彼の野菜を売ってもらいたいと考え、何度も彼のもとに足を運んで頼みました。しかし、

「ほかの仲卸とのつき合いもあるので不義理はできない」

と、なかなか首を縦に振ってもらえませんでした。

そんな状態が5年ほど続いた頃、水島さんはそれまで扱っていなかった小松菜を作ることになり、私に声を掛けてくれたのです。

水島さんの強みは、青果の流通について熟知していることです。スーパーなど小売店の売価から逆算して、値段に合う商品を作ってくれるのです。私は水島さんのその能力を信頼して、今では商談にも同行してもらっています。

これほど頼りになる生産者は、どこを探してもいないと思っています。

静岡県湖西市には汐見出荷組合という、キャベツや大根、トマト、馬鈴薯を栽培している組合があります。

汐見出荷組合のキャベツは品質が良く、野菜にこだわる大手ハンバーガーチェーンやハンバーグレストランにも卸しているほどです。

そこで代表を務めている佐原敏樹さんと出会ったのも、25年ほど前です。初めて会ったときに彼が食べさせてくれたキャベツが、果物のようにジューシーで甘く、そのおいしさに非常に感動したことを覚え

汐見出荷組合代表・佐原敏樹さん

ています。

佐原さんはもともと葉たばこを栽培していましたが、お子さんがアトピーや小児喘息を患ったため、食生活を変えることで病気を治そうと思ったそうです。そのときの思いは、汐見出荷組合のキャッチフレーズである「野菜は薬草でなければならない」につながっています。

「0歳児にステーキを食べさせるのが従来の農業」と、佐原さんは言います。子どもに、成長に欠かせないカルシウムやミネラルを与えるのと同様に、野菜も成長段階に応じて適した肥料を必要な量だけ与えるのが、彼の野菜作りなのです。

青果を売ることは誰でもできます。しかし、高品質でおいしい青果を作ることは生産者にしかできません。彼らこそ青果業界の主役だと私は思うのです。

CHAPTER 3

トップ仲卸人が教える おいしい野菜・果物の見分け方

01

メロン

Melon

模様も果肉の色もさまざま！
食べ頃も種類によって異なる

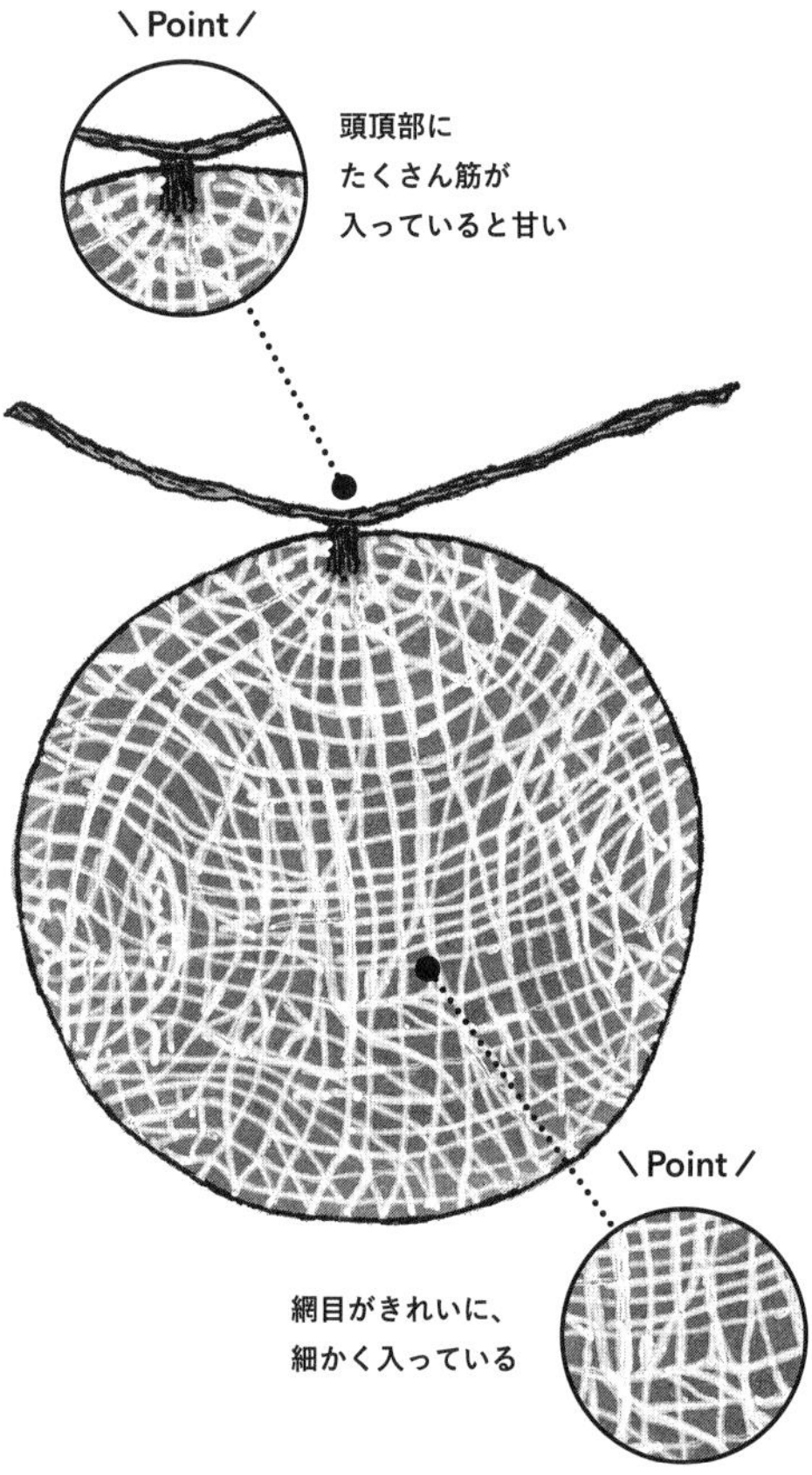

基本データ

［和名］メロン（甜瓜、西洋甜瓜）［英名］melon

［科・属］ウリ科キュウリ属

［原産地］不明（アフリカやインドなど諸説あり）

［旬］5～7月

リレー式に変わる旬と産地

温室メロンは年中栽培・出荷されています。

一方、露地栽培のメロンは、九州で4月から出荷され、茨城県、愛知県、東北、北海道と産地をリレーして、北海道産のメロンは10月末まで販売されます。

露地栽培のメロンが最も多く出回る5〜7月頃が、メロンの旬です。

メロンは、アールスメロンなど網目の模様がある〝ネット系〟と模様がないプリンスメロンなどの〝ウリ系〟に大別されます。果肉の色でも〝青肉系〟と〝赤肉系〟があり、甘味や食感も品種によってさまざまです。

また、メロンは甘くておいしいだけでなく、栄養もたくさん含んでいます。果物のなかでも特にカリウムを多く含んでいて、利尿作用があり、高血圧や動脈硬化症の予防にもなります。

さらに、赤肉系のメロンには、抗酸化作用のあるβ-カロテンも豊富に含まれていて、老化防止や免疫力アップが期待できます。

おいしいメロンの選び方

各産地ともに、メロンは糖度センサーを通してあるので、安心して購入できます。それ以外の産地のものは、まず、ずっしりと重みのあるものを選んでください。重量のあるメロンはしっかり育ち、中の果実が凝縮され肉厚なものが多いからです。

また、頭頂部を確認します。ここにたくさんの筋（網目模様）が入っているのは、栄養分が行きわたっていて糖度が高いという目印になります。お尻のすぼんでいる部分が小さいものもおすすめです。

さらに、ネット系のメロンの場合、網の目が盛り上がっており、細かくてきれいなものは、食味がよいことを物語っています。

ウリ系メロンの場合は、表面に黒い斑点や部分的な変色がないものを選びます。

買ってから何日が食べ頃？

メロンが店頭に並び始めると、買い物客から決まって尋ねられるのが、食べ頃です。なかには「明後日に食べたいんだけど、どれがいい？」という方もいます。メロンの食べ頃を外さないというのは、仲卸人としてとても大切なことです。

ただ、食べ頃は見た目だけでは分かりません。表面やお尻などを触って確かめながら相手にすすめるのですが、ネット系のメロンの場合は、お尻の柔らかさが目安になります。

買ったばかりのネット系のメロンは指で押してもかたいことが多いのですが、これが柔らかくなったら食べ頃です。ただし、触ってブニブニするほどになると熟し過ぎです。適切な柔らかさのときに食べられるよう、こまめにチェックするようにしてください。

一方、ウリ系のメロンは、買ってすぐ食べても大丈夫です。柔らかいものが好みであれば、数日経ってから食べるようにしてください。ウリ系のメロンは、ネット系と比べて日もちするので、ある程度時間が経ってもおいしく食べられます。

そのほかにも、食べ頃のメロンからは独特な甘い香りが漂ってきたり、実の真ん中を指で叩くと鈍い、くもった音が聞こえたりします。そういった食べ頃のサインを見逃さないようにしてください。

あと何日後と、食べ頃を伝えても、冷蔵庫で保管する人もいます。冷蔵庫に入れると追熟が進まないので、常温で保管して、食べる前に冷蔵庫で冷やしてください。

おいしいメロンの食べ方

メロンを単体で食べるときは、メロンを切ってラップをし、食べる数時間前から冷蔵庫で冷やしておくとおいしく食べられます。

なお、メロンの糖度は実の中心に近いほど高い傾向があります。平等に分けるなら、ツルを上にして縦にカットするとよいです。

メロンと一緒に食べるなら、バニラアイスクリームや、ブランデーを少しかけてもおいしいです。また、小さく切ったメロンに生ハムを巻く「生ハムメロン」は、メロンの甘味に生ハムの塩気がマッチして絶品です。

02

枝豆

Green Soybeans

大豆にはない甘味が特徴
焼く・蒸すなどの調理法もおすすめ

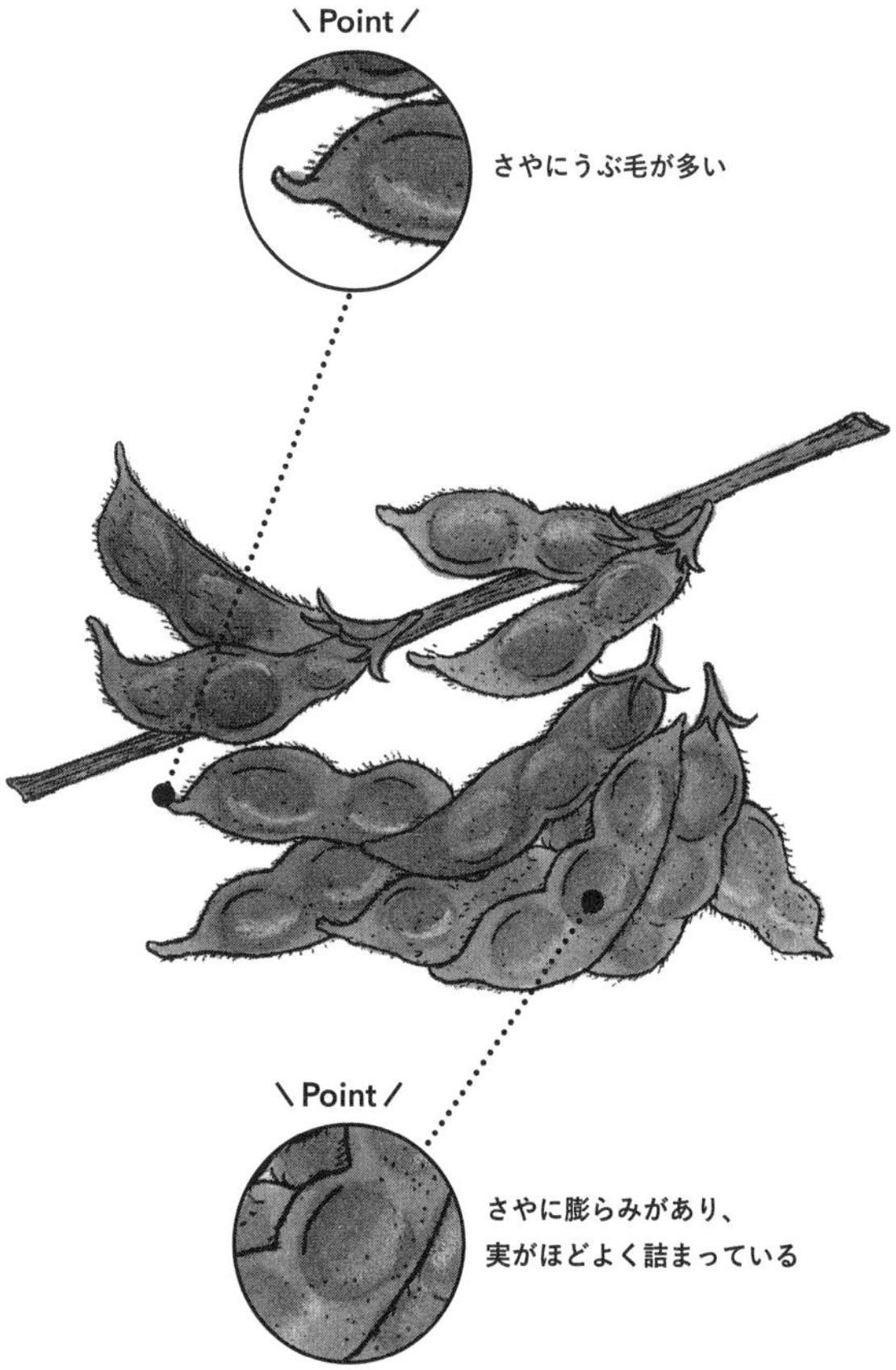

基本データ

［和名］枝豆　［英名］green soybeans

［科・属］マメ科ダイズ属　［原産地］中国

［旬］6～9月

畑に「にがり」を撒くとおいしくなる

枝豆は、枝豆という種類の豆があるわけではなく、未成熟の大豆のことです。しかし、大豆にはない枝豆特有のおいしさ、「甘味」があります。

枝豆の甘味や旨さを引き出すために、生産者は工夫を凝らしています。

例えば私の会社と取引のある生産者の市橋さんは、畑に「にがり」を撒くこともあります。にがりの成分を微量要素として用いることで、深いコクのあるおいしい枝豆に育つのです。

通常にがりのような塩分を含むものを畑に撒くと、塩の除草効果で不毛の土地になることもありご法度ですから、彼のような熟練の生産者ならではの栽培方法だといえます。

枝豆のピークは6～9月

枝豆の主な産地は、千葉県や群馬県などの関東から新潟県などの甲信越、山形県や秋田県、青森県などの東北へと時期ごとにリレーしていきます。

私の店がある岐阜県や愛知県では、4月下旬から10月の中旬くらいまで店頭に並びます。ピークは、やはり気温が上がってビールがおいしく感じる6～9月です。多くのスーパーでは、父の日や海の日、お盆に合わせて、枝豆のセールを開催します。

枝豆とビールは最高の食べ合わせ

ビールを飲むと枝豆を食べたくなるのは熱中症予防でスイカが食べたくなるように、無意識のうちに身体が欲してしまうからだと思います。枝豆とビールの組み合わせは、栄養学的にも理にかなっています。

枝豆に含まれるメチオニンという栄養素は、アルコール分解を促進して肝臓への負担を軽減してくれるのです。さらに、ビールに含まれるカリウムは高血圧の原因となるナトリウムの排出を助けて利尿作用を促します。

メチオニンやカリウムのほかにも、枝豆には栄養がたくさん含まれています。

疲労回復の効果があるビタミンB_1、B_2のほか、ＤＮＡや血液を作る鉄分や葉酸が入っています。

よくお酒を飲む人以外にも、疲れ気味の人や、妊娠中の女性にもおすすめの野菜です。また、糖質は枝豆（可食部）１００ｇあたり４ｇ程度と低めなので、ダイエット中の人でも安心して食べられます。

おいしい枝豆の選び方

枝豆は、さやがパンパンに膨らんでいるものを選びがちです。確かにあまりにもペラペラな枝豆は良くありませんが、さやが大きく膨らんでいる枝豆は、成長が進みすぎのものということです。そのため味が抜けていますし、食感もかたくなります。

パンパンに膨らむ一歩手前くらいの、実がほどよく詰まっている枝豆が甘味もあって、間違いなくおいしいのです。

おいしい枝豆を見極めるには、色の確認も重要です。さやが黄ばんでいるものは、さやそのものが剥きにくくなります。なぜなら、鮮度不良や老化現象を起こしているからです。

枝豆は、さやが大きく膨らみ過ぎておらず、緑色がしっかりとしたものを選んでください。

おいしい枝豆の食べ方

枝豆は茹でて食べるイメージがあると思いますが、「焼き枝豆」や「蒸し枝豆」もおいしいのでおすすめです。

焼き枝豆は、両端を切り落とした枝豆を真水に浸してから、油を引いていないフライパンで焼きます。

蒸し枝豆は、コップ一杯ほどの水をフライパンで沸騰させ、そこに洗った枝豆を入れて蓋をして中火で5分ほど蒸します。熱湯で茹でるのではなく少ない水で蒸すことにより、甘味や旨味が濃くなります。火が通ったら塩を振って食べるととてもおいしいです。

03

カボチャ

Pumpkin, Squash

甘味の強い「粉質系」と
煮物向きの「えびす系」
選ぶポイントは実の重さ

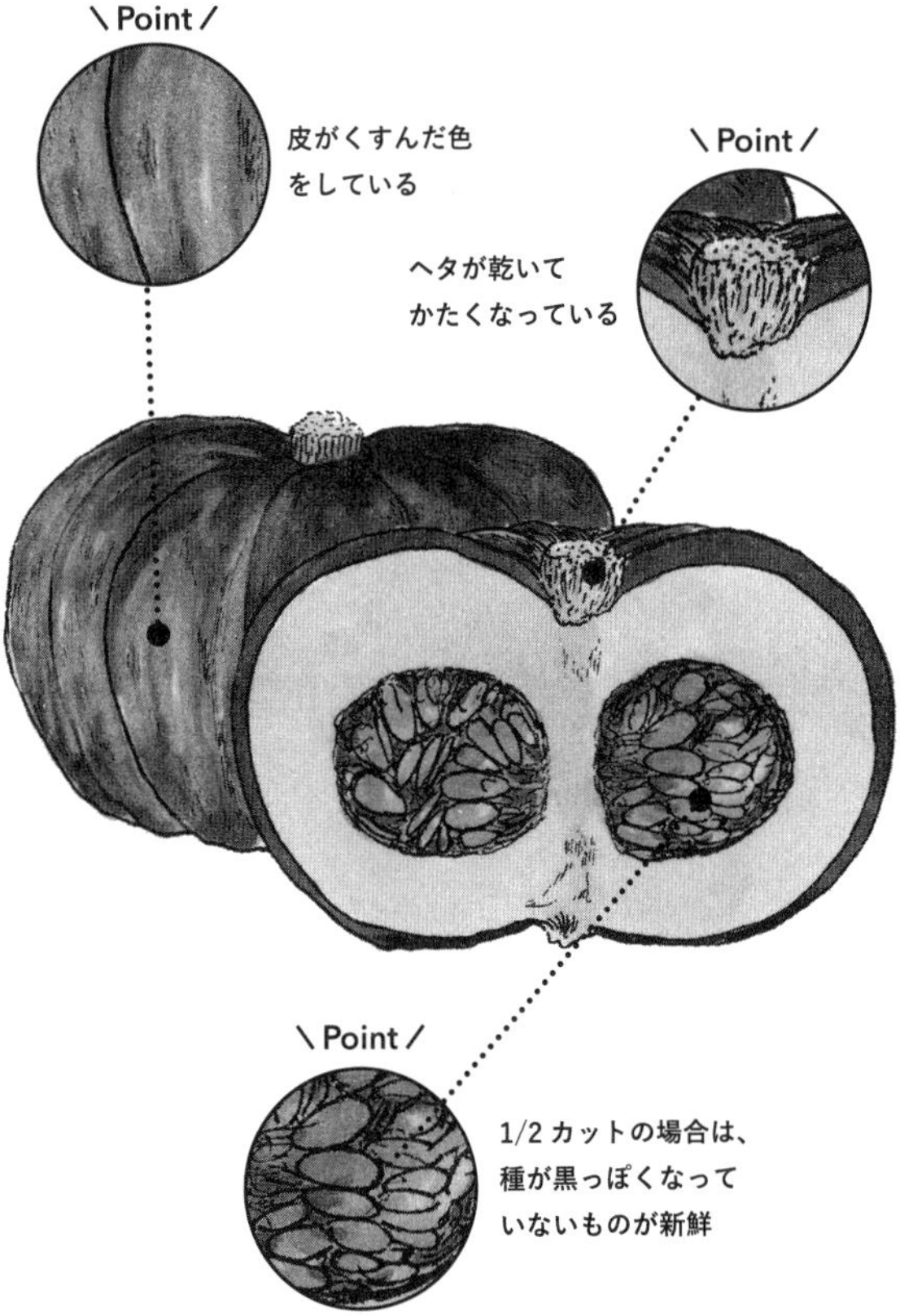

基本データ

［和名］カボチャ　［英名］pumpkin, squash

［科・属］ウリ科カボチャ属

［原産地］中央アメリカ（東洋種、和種）、南アメリカ（西洋種）

［旬］7 ～ 12 月

「粉質系」と「えびす系」

カボチャは、ホクホクとした食感の「粉質系」と、食感のしっとりとした「えびす系」に分類されます。

粉質系はコルクのようなヘタが特徴で、大きくなりにくいため、えびす系より収穫量が少ないです。甘味が強く、ペースト状にしてスープやスイーツに使ったり、天ぷらにしたりするとおいしく食べられます。一方、えびす系はヘタが木質です。サイズが大きいため、よくカットした状態で売られています。環境適応力が高いため、日本全国で栽培できます。実はくずれにくく味が入りやすいので、煮物に向いています。

カボチャのおすすめは出始め

カボチャは品種改良によって日もちするようになり、おいしく食べられる期間も長くなりました。5〜7月末まで鹿児島県産、8月半ばから12月まで北海道産のものが主に出回ります。北海道産のカボチャは、収穫後に貯蔵するので販売期間が長くなります。

年明けから5月末までは、メキシコ産やニュージーランド産などの輸入ものが売られます。最近では、輸入ものもおいしくなってきました。

長期保管して甘味が増した北海道産カボチャもおいしいですが、カボチャは夏野菜ですので、出始めの頃がおすすめです。

大きな「1個目」を狙う

カボチャは、1本のツルから1個目、2個目と実ります。この1個目がおいしいのです。見分け方としては、大きさです。1個目は大きく実るのです。カボチャはカットして売られることも多いですが、元のサイズが大きいものほど小さくカットされます。半分にカットされたものよりも、1／4のもののほうが元のサイズが大きいということになります。1／4のものでも、重たくて皮がかたいものを選んでください。あまり大きくないカボチャでも、大きさの割にずっしりと重く、ヘタの周りがくぼんでいるものは、生育が良かったと考えられます。

皮の色むらで果肉の色を知る

実の下部分の皮が、緑ではなく黄色くなっているカボチャを見かけることも多いと思います。そのような色むらができるのは、地面と接していて、日焼けをしなかった部分です。

色むらのないカボチャは、生産者がむらのでないよう、しっかりと管理していたものである可能性が高いです。ただし、色むらがあるカボチャが悪いというわけではありません。色むらがあるカボチャの場合は、その色から実の状態を判断することができるのです。

色むらの色は、中の実と同じ色をしているため、濃いオレンジ色だと、中の果肉も同じオレンジ色だと判断ができるのです。

カットされたカボチャでチェックするべき部分は、種です。カボチャの種は切ってから時間が経つと黒くなるので、それは避けたほうがよいです。

また、中の色は品種によってさまざまですが、濃いオレンジ色でよく太っているものがおすすめです。白っぽいものや薄い黄色のものは味がいまひとつ良くありません。

皮と実の境目が白くなっているカボチャもできれば買わないでください。なぜなら、育つ過程で脱水状態になった可能性が高いからです。そのようなカボチャには苦味があることが多いです。

冬のカボチャはヘタや皮の色で選ぶ

冬のカボチャの場合は、古ければ古いほどおいしいです。ですので、ヘタの部分がカラカラに乾いているものや、皮からつやが消えて色がくすんでいるもの、皮がかたくて、ゴツゴツとした深い溝があるものを選ぶと、確実においしいカボチャを手に入れられます。また、ヘタの周りがくぼんでいて、ひび割れている場合も、完熟しているカボチャである場合が多いです。

ヘタが柔らかいカボチャや、皮がなめらかできれい過ぎるカボチャは、早くに収穫された未熟なものですので、選ばないほうがよいです。

04

ぶどう

Grape

食べるときは房の下から！
白い粉は鮮度の高い証拠

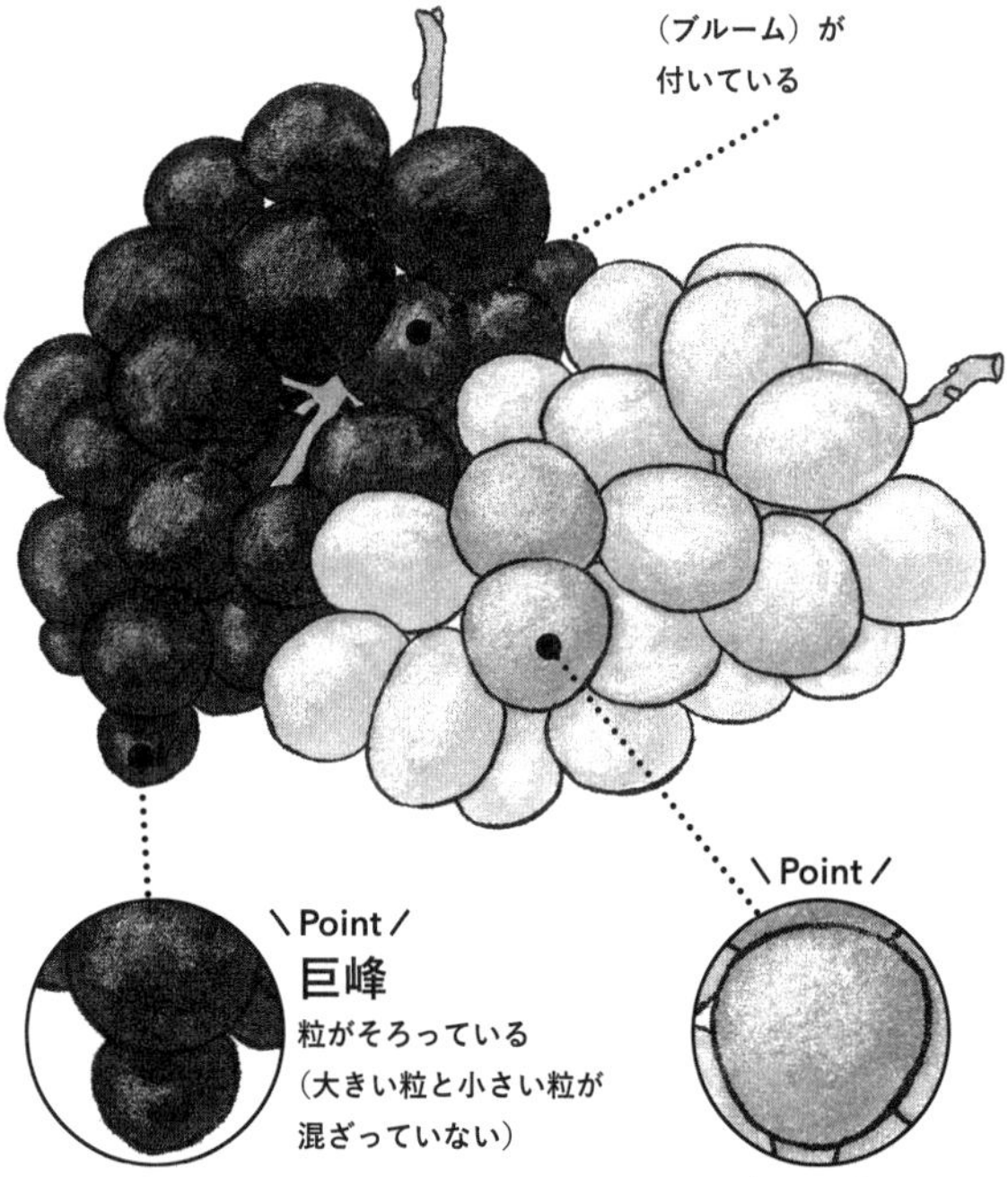

基本データ
［和名］ぶどう（葡萄）［英名］grape
［科・属］ブドウ科ブドウ属
［原産地］ヨーロッパ（欧州種）、北アメリカ（米国種）
［旬］8～10月（品種により異なる）

人気品種は「シャインマスカット」

ひと昔前まで、ぶどうといえば、黒っぽい紫色が特徴の品種「巨峰」が中心でした。ところがここ5、6年くらいでぶどうの勢力図が完全に塗り替えられました。

そう、「シャインマスカット」の登場です。シャインマスカットは皮が黄緑色の大粒の品種で、皮ごと食べられるうえに、種もありません。また、糖度も20度前後と高いです。

甘いぶどうを気軽に楽しめるとあって、シャインマスカットは大人気となりました。今や、おいしいぶどうの代名詞になりつつあります。

シャインマスカットは黄色がおすすめ

シャインマスカットは、長野県や山梨県、岡山県などのぶどう生産地を中心に、栽培面積がどんどん広がっています。

8～10月にかけて収穫され、りんごと同様に一時的に仮死状態にして冷蔵庫で貯蔵されるため、売り場には年末ぐらいまで並びます。

一般的に、シャインマスカットは鮮やかな緑色が好まれますが、黄色っぽいほうが糖度は高いです。スーパーなどでは見た目が重要視されますから避けられがちですが、黄みがかったシャインマスカットを見つけたら、迷わず購入することをおすすめします。

ぶどうの育ち具合は軸と実で確認

よく育ったぶどうは、軸が太くてしっかりしています。また、新鮮なぶどうの軸は青々としていて、古くなってきたものは軸が茶色くなります。

ほかにも、実がそろった大きさで、粒の一つひとつにハリがあり、かためのものはおいしい可能性が高いです。柔らかい実は熟し過ぎたり鮮度が落ちたものなので、避けたほうがよいです。

パックで販売されているぶどうの場合は、パックの裏側からも実の状態を確認してください。パックの表から見ると、かたくハリのある実が多いぶどうでも、裏から見ると傷んでいる実や柔らかい実だらけかもしれないからです。

鮮度の目安はブルーム

また、粒の表面に白っぽい粉が付着しているぶどうを見たことがあるかと思います。この粉があると巨峰や「ナガノパープル」、「ピオーネ」など黒系のぶどうもくすんだ色になってしまうので敬遠されがちですが、実はこれも糖度が高いという印です。この粉の正体はブルームと呼ばれる保護粘膜で、ぶどうが水分の蒸発から自身の身を守るために作り出します。新鮮で、実の中に余剰の糖や蛋白があるぶどうだからこそ、ブルームを生み出すことができるのです。

つまり、ブルームの付いたぶどうは甘くておいしい可能性が高いということです。

食べるときは房の下から

ぶどうは、房の上のほうに付いている実は、下の部分の実よりも甘いという場合が多いです。そのため、ぶどうを食べるときは、房の下のほうから上に向かって食べ進めてみてください。食べるごとに感じる甘味が強くなり、最後までおいしく味わえるはずです。

また、試食できる場合には房の下のほうの実を食べるとよいです。糖度が低い部分の実がおいしければ、その房のほかの部分もおいしいと判断できるからです。

巨峰は粒がそろっているものを

巨峰の糖度はシャインマスカットよりも高いといわれています。しかし、一つの房に大きい粒と小さい粒が混ざった不ぞろいの巨峰は、値段こそ安いのですが、味むらがあることがあります。

黒系のぶどうでも、ナガノパープルは、皮ごと食べられて、種もありません。皮には、ひと房につき、赤ワイン1本分と同じくらいのポリフェノールが含まれているといわれています。糖度も高く、濃厚な甘味のある黒系のぶどうが好きな方はよく買っていきます。是非、シャインマスカットのさわやかな甘味と食べ比べてみてください。

05

みかん

Satsuma orange, Orange

コクが命！
ビタミンC、ビタミンBが豊富で
美容と疲労回復に効果あり

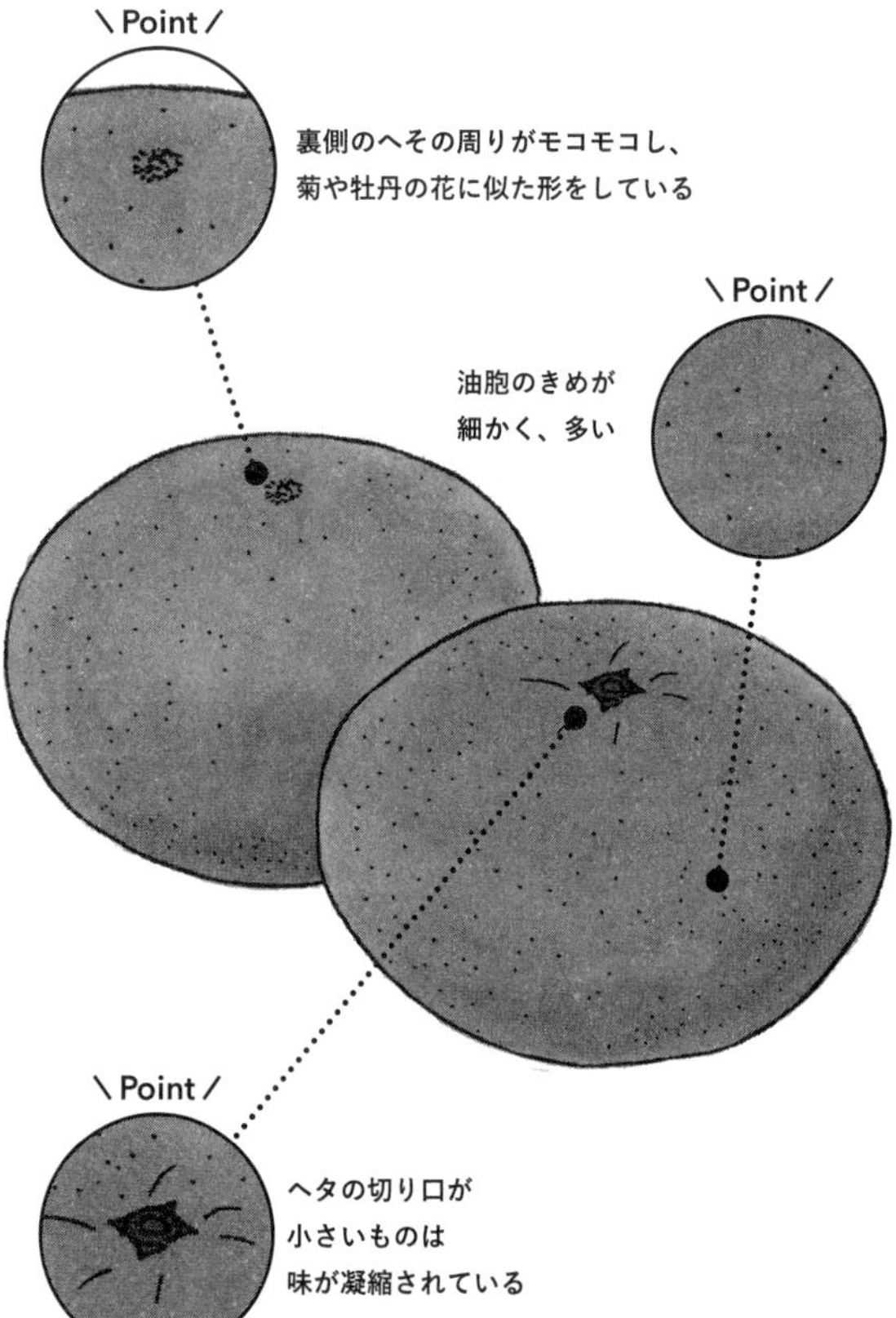

基本データ
[和名] みかん　[英名] satsuma orange, orange
[科・属] ミカン科ミカン属　[原産地] インド
[旬] 10 月末～ 11 月末

2個で必要なビタミンCの80％を摂取

こたつの上に籠盛りのみかんがあると、つい、手が伸びてしまいます。実はこれにはわけがあります。暖房器具を使う冬は、室内の空気が乾燥するので、喉を潤したくなります。とはいっても、お茶やジュースを飲むほどではありません。そんなとき、みかんがぴったりなのです。

また、みかんにはビタミンCが豊富に含まれており、みかん2つで、一日に必要とされる量のうち、80％以上ものビタミンCを摂ることができます。ですので、風邪予防のために身体が自然と求めてしまうのです。

みかんには、ビタミンC以外にもさまざまな栄養が含まれています。袋の部分には食物繊維が多く、皮と一緒に捨てがちな白いすじには、高血圧や脳出血を予防するフラボノイドやビタミンBが含まれています。また、みかんの酸味の基になっているクエン酸は疲労回復にとても効果的です。

出荷時期で味が変わる

日本で一般に出回っているみかんは「温州みかん」と呼ばれるものです。温州みかんには種がなく、生食に向いています。暖かい気候の和歌山や愛媛、静岡といった沿岸地域や九州地方で多く栽培されています。

みかんの出荷時期は、9～4月上旬までで、それ以降はハウスみかんが店頭に並びます。いちばんおいしく食べられるのは、10月末から11月末くらいのみかんです。みかんは時期によって味が変わり、この時期のみかんは「早生《わせ》種」と呼ばれます。早生種は皮が薄く、しっかりと甘味ものっているので、誰が食べてもおいしく感じるはずです。

早生種のあと、12月頃のみかんは「中《なか》生《て》種」、12月中旬から3月中旬頃のものは「晩生《おくて》種」と呼ばれます。

早生種～中生種は出荷量がピークの時期のみかんなので、手頃な値段で買うことができます。晩生種は主に年明け用に貯蔵されたみかんで、甘味が強まっているのが特徴です。

早生種よりも収穫の早い、9月上旬から10月下旬のみかんは「極早生《ごくわせ》種」と呼ばれます。

極早生種は、緑色が抜けない小玉の状態で収穫され、早生種に比べて酸味が強くなりますが、袋が柔らかくて食べやすいです。

ちなみに、ハウス栽培の温州みかん（ハウスみかん）は5～8月にかけてとてもおいしくなります。

ハウス栽培のみかんは１９７０年代に導入されました。現在栽培されているものでは、佐賀県産や、愛知県・蒲郡のものがおいしいです。

おいしいみかんの条件は水管理

ここ最近、消費者がみかんに甘さを求める傾向がありますが、私はほどよい酸味も必要だと思っています。甘味と酸味のバランスが調和しているみかんにはコクを感じます。これがみかんのおいしさだと思います。

おいしいみかんを育てるには、水を与え過ぎないことが必須条件です。水が少ないと、みかんの木は根っこから地中の水分や養分を吸い上げようとします。

その際、幹から近い枝にあるみかんは大きく育ちますが、水分が多いので味がぼやけます。一般的に果物は大きくて、ずっしりと重いものほど味が良いとされていますが、みかんは例外です。

逆に、枝の先のほうで実ったみかんは、小さくなりますが、養分がしっかりと行きわたっているから味が濃いのです。ヘタの部分の切り口が小さいみかんも木が吸い上げる水分量が少ないことを示しています。

皮の色が濃くて、油胞という点々のきめが細かいのも見分けるポイントです。特に葉の形に日焼けしているものや、裏側のへその周りがモコモコして菊の花のようになっているものが狙い目です。見かけは悪いですが、しっかりと日光を浴びている証です。きっと、濃厚な味わいが楽しめると思います。

06

サツマイモ

Sweet potato

いちばんおいしい時期は2〜3月！
表面の蜜は胃腸に優しい「ヤラピン」

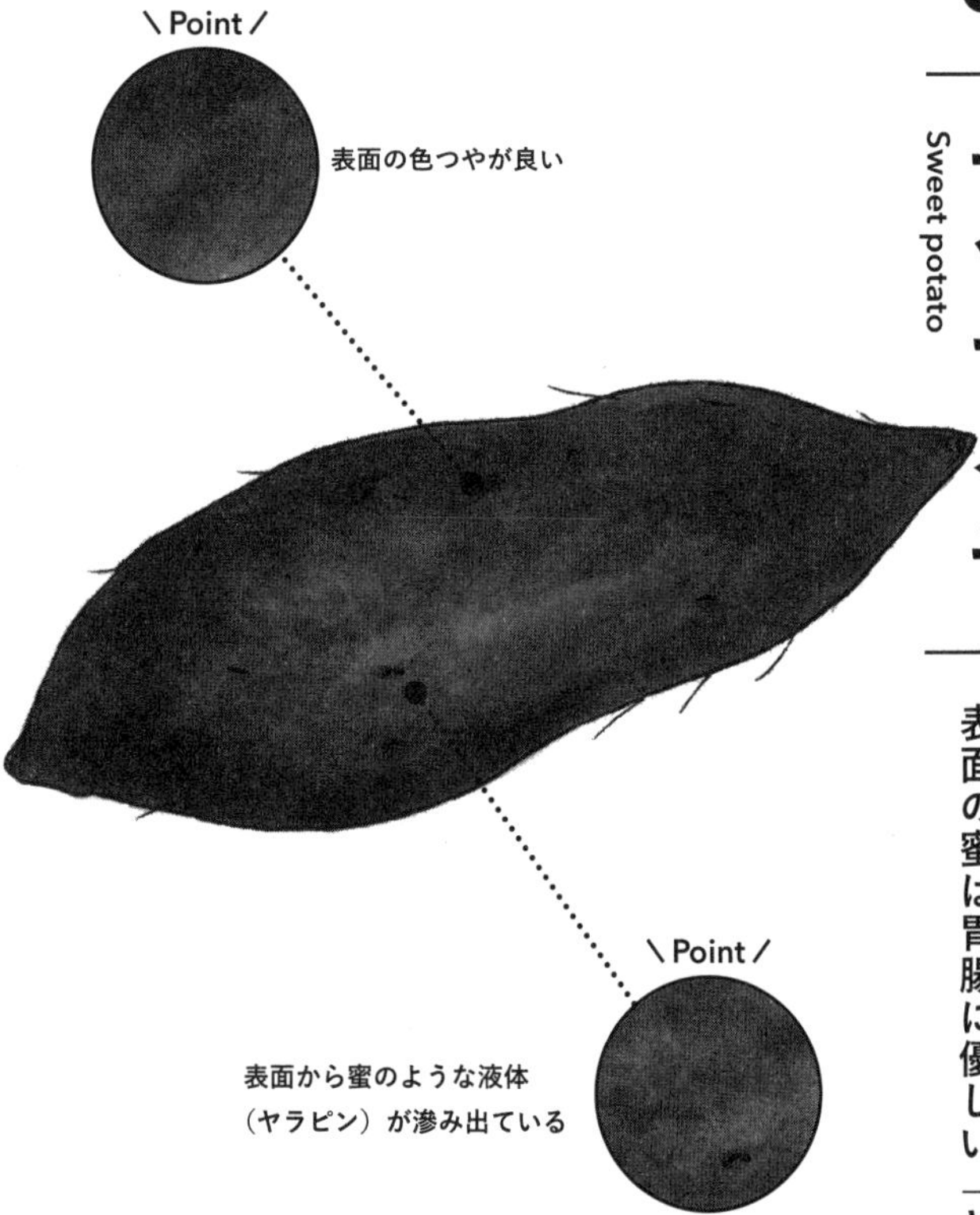

基本データ

［和名］サツマイモ　［英名］sweet potato
［科・属］ヒルガオ科サツマイモ属　［原産地］中央アメリカ
［旬］2〜3月

栄養価が高く育てやすい

4、5年前からスーパーで1年中焼き芋が売られるようになりました。私の店でも力を入れていて、匂いに誘われて買い求める人がたくさんいます。

焼き芋など、加熱すると甘いサツマイモは、食物繊維が豊富な食材としても知られています。セルロースやペクチンといった食物繊維を多く含み、便秘予防に効果的な食材だといえます。

また、β-カロテンやビタミンB_1、B_2、ビタミンC、鉄、カリウムなど、食物繊維以外の栄養にも富んでいます。なかでもビタミンCの含有量は、りんごの約7倍もあるのです。

サツマイモは、天候の変化に強いうえ、荒れた土地でも育てることができるため、ほかの作物が採れない場合に重宝する食材です。日本でも、第二次世界大戦中の食糧難を救ったのはサツマイモだといわれています。ただし、おいしいサツマイモは、火山灰でできた土壌で多く作られます。また、サツマイモは寒さにも弱いため、地面の温度が低いと良いものが採れにくいです。

適する調理法は品種によって異なる

サツマイモには「紅あずま」や「紅おとめ」など、さまざまな品種があります。一般的な品種は紅あずまで、蒸し芋にするとおいしいです。焼き芋にすると、果肉が黄色く、非常においしそうに見えます。しっかりと甘味もあるため、人気の品種です。主に関東地方で生産されています。

最も焼き芋向きなのは「高系14号」という品種です。この種類の芋は貯蔵性が高く、厚く赤みの強い皮と、クリーム色の果肉が特徴です。また、糖度が高く、加熱すると果肉が黄色くなり、甘く、ホクホクとした食感の芋になります。

高系14号の改良種である「選抜高系14号」には、有名な「鳴門金時」「五郎島金時」が含まれます。これらの品種も焼き芋にするとおいしいです。

焼き芋の需要が高まると、産地の生産者たちの間でも焼き芋に合うサツマイモの品種改良が盛んに行われるようになりました。それが「紅はるか」や「シルクスイート」という品種です。これらを焼き芋にすると、ねっとりとした食感になります。昔はホクホクとしたものが好まれましたが、現在はねっとりとしたものが主流になりました。

選ぶときは重さや蜜に着目

焼き芋は、秋というイメージがありますが、いちばん味がのっておいしくなるのは年が明けた2～3月頃です。畑にできたサツマイモを収穫するのが秋なので、秋の野菜というイメージが定着したのかもしれません。

現在は、収穫してから温度や湿度を管理できる倉庫に貯蔵します。すると、デンプンが糖化する、つまり、甘味がのってきます。そのため、売り場に並ぶサツマイモの大半は、前年の秋に採れたものになります。

サツマイモを買うときに選んでほしいのは、まず、手にしたときに重みを感じるものです。軽いと中身がスカスカ……ということもあります。そして、表面の色つやが良いもの。これは生産者が手間ひま掛けている証拠です。

また、寒さに弱いサツマイモは、両端の部分からしおれていくため、両端がしっかりしているものは、寒さに負けていない良品である可能性が高いです。

さらに、表面から蜜のような液体が滲み出ているのもおすすめです。これはヤラピンという成分で、胃の粘膜を保護したり、腸の働きを活性化する働きがあります。ヤラピンが出ているのは、それだけ貯蔵庫から出して日が浅いということなのです。

9月、10月は焼き芋のシーズンですが、貯蔵期間が短いため、どうしても年明け以降に出るものよりも味は劣ります。

しかし、生産者たちは栽培法や貯蔵法を熱心に研究しています。これから改良が進んで、秋にもおいしい焼き芋が食べられる日がきっと来るはずです。

07

キャベツ
Cabbage

口いっぱいに広がる水気と甘味！
冬に溜めこんだ栄養が旨味になる

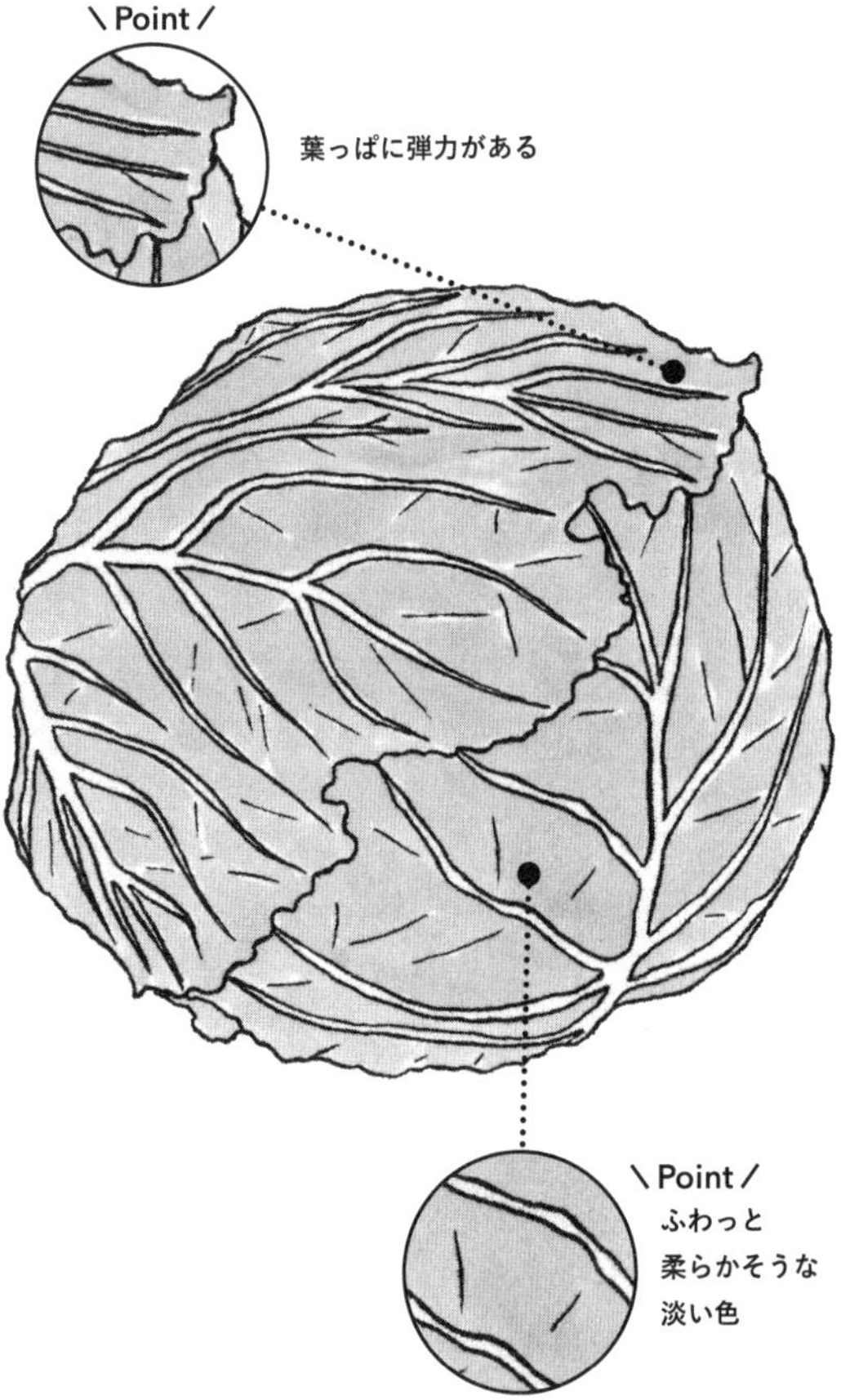

基本データ

［和名］甘藍《かんらん》　［英名］cabbage

［科・属］アブラナ科アブラナ属　［原産地］地中海沿岸地帯

［旬］1～2月

キャベツはバランスが重要

キャベツは幅広い料理に使用できることから人気が高く、生産量も多い野菜の一つです。

おいしいキャベツのポイントは、歯ごたえと甘さ、水分の3つのバランスに尽きます。噛んだとき、口の中で水気とともに甘味がふわっと広がるのがキャベツのいちばん大事なところです。

売り場には1年中並んでいますが、キャベツの旬は1～2月の真冬です。アブラナ科の野菜ですので、ぐっと冷え込む真冬は、春に花を咲かせるため、体内にしっかりと栄養を蓄えます。それがおいしさにつながるのです。

「春系キャベツ」と「寒玉キャベツ」

キャベツの種類は春系キャベツと寒玉キャベツに大別されますが、販売される時期が異なるのではなく、品種そのものが違います。春系キャベツも寒玉キャベツと同様に1～2月に旬を迎えます。

寒玉キャベツは、かたくてずっしりと重みのある品種です。煮る、焼くなどの加熱を行うことで、甘味が出ます。ロールキャベツや煮込むタイプの料理に使用してください。

春系キャベツはみずみずしくて柔らかく、生食に向いています。炒め物などに使用するときは、さっと加熱するくらいがよいです。

葉脈で良品を見極める

キャベツを選ぶときに売り場で着目したいのは、葉っぱの筋（葉脈）です。筋の間隔が狭くてガチッとしているほうがいかにもキャベツらしく見えますが、食感がかたくなります。

筋の間隔が広く、ふんわりと柔らかそうな丸みを帯びた形のキャベツや、触ったときに葉っぱに弾力があるキャベツを選んでください。

芯は小さめ、色は淡いものを選ぶ

芯が大きいキャベツは育ち過ぎなので、選ばないようにしてください。芯は５００円玉よりも少し小さいくらいのサイズで、切り口が割れていないものを選ぶことをおすすめします。

また、黒ずみや変色、割れといった劣化が見られない芯をもつキャベツを選ぶことも大切です。

色は、濃い緑色のキャベツよりも、ふんわりと淡い緑色のほうが間違いなくおいしいです。キャベツの葉の淡い緑色は、えぐ味の元となる窒素化合物がキャベツの体内から抜けたことを表しているからです。

また、外側と内側で葉の色がコントラストになっているものはおいしいキャベツの可能性が高いです。

冬場は紫の葉先がおいしさの目安

冬場に葉の先が紫色っぽくなっているキャベツを見かけることがあります。あれは旨味成分であるアミノ酸が多重結合したポリフェノール結合による発色ですので、傷んでいるわけではありません。むしろ、おいしいキャベツの目印になります。

カットされたキャベツを選ぶ際は、葉と葉の間に隙間がなく、芯が全体の3分の2に満たない高さのものを選びます。成長し過ぎた芯は、かたくなって苦味も出てくるので選ばないようにします。

ただし、芯に苦味が出る直前のキャベツは、栄養分を十分に貯めているのでおいしいといえます。

キャベツを使った〝農家めし〟

キャベツは、生食はもちろんのこと、炒めたり、煮込んだりしてもおいしく食べられるのが魅力です。

キャベツの一大生産地である長野県や群馬県の生産者から聞いた、サバ缶を使ったレシピを伝授します。

作り方はとても簡単で、醤油とマヨネーズを加えてほぐしたサバ缶に、千切りキャベツを混ぜるだけです。短時間で作れるので、忙しい人におすすめです。サバの旨味がキャベツのシャキシャキ感と甘味を見事に引き出した絶品の〝農家めし〟なので、是非、試してみてください。

08

白菜

Chinese Cabbage

漬物にも煮込み料理にも！日本の食文化を支えてきた野菜

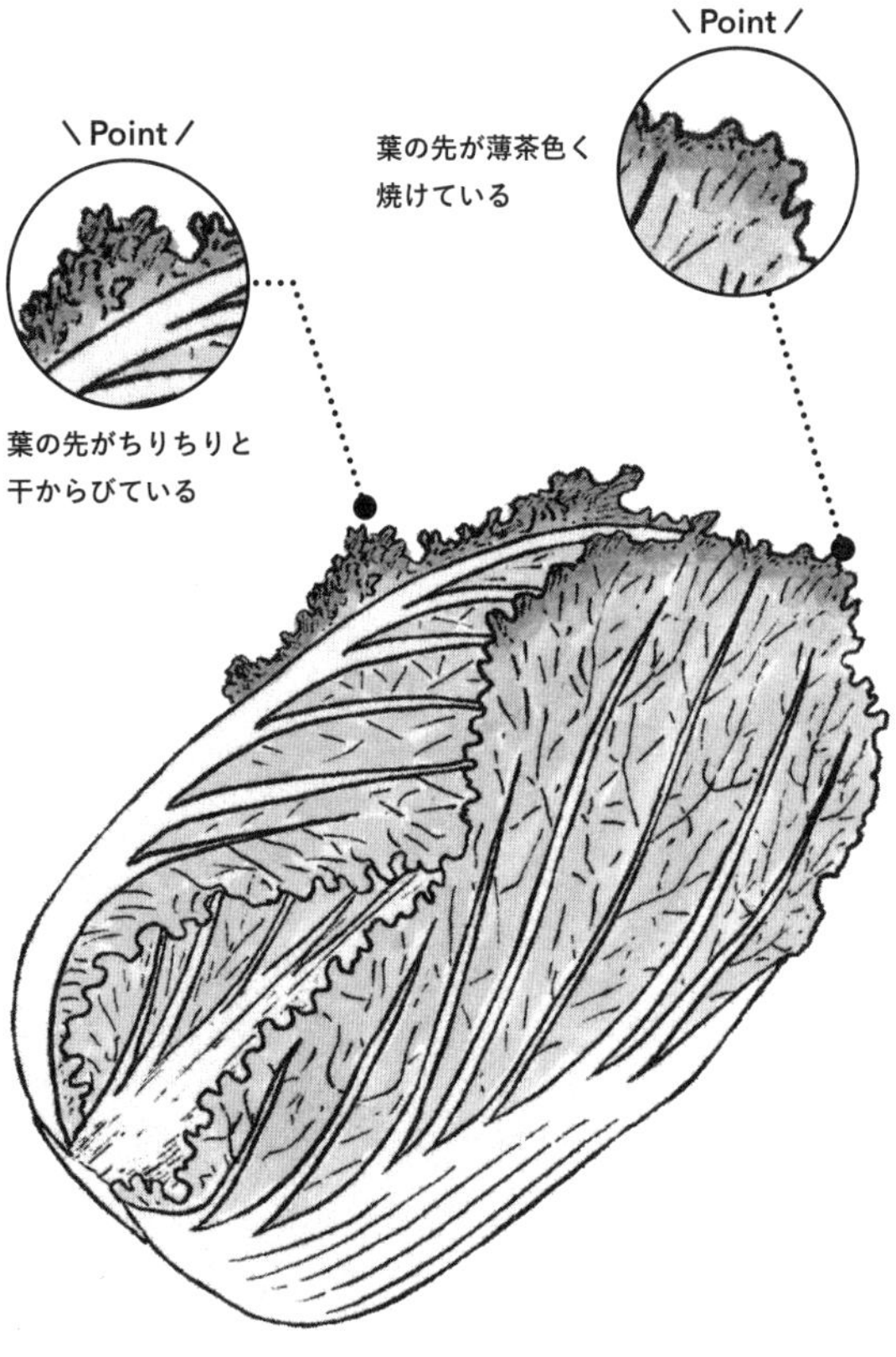

基本データ

［和名］白菜　［英名］chinese cabbage

［科・属］アブラナ科アブラナ属　［原産地］中国

［旬］1～2月

日本の食卓で重宝されてきた食材

白菜は、日本の食文化を支えてきた野菜といっても過言ではありません。白菜は明治時代に、中国から日本へ伝わったのです。

現在、日本で流通する白菜の多くが、頭部の葉がしっかり重なっている「円筒形」というタイプで、内側が黄色い「黄芯系」という品種です。

白菜は育てやすいうえに一玉で約3キロもあります。貯蔵性にも優れているので重宝されてきました。現在のように流通が発達していなかった頃は、白菜の漬物が日本人のビタミン源だったのではと想像がつきます。

煮込み料理でおいしさが引き立つ

加熱すると甘味が出て、また違った味わいになります。特に鍋料理や煮込み料理では、肉や魚介から出る旨味を吸って、さらにおいしくなります。最近では品種改良が進んで生で食べられるものもあり、青臭さやえぐ味はほとんどありません。そのような事情から、今でも白菜は多くの人に好まれる野菜の一つだと思います。

おいしさのピークは1〜2月

白菜は、1年中売り場に並びます。特に寒くなって鍋料理が恋しくなる10月後半からよく売れます。しかし、白菜がおいしくなるのは、もう少し先の1～2月です。鍋料理に飽きているかもしれませんが、この時期の白菜は、最高としか言いようがありません。

　冬、畑で葉っぱの先を紐で縛った白菜を見かけることがあります。あれは、越冬する際に霜がおりて傷まないようにするのと、じっくりと甘味を蓄えさせるためです。表面の葉っぱがボロボロになるので、見た目は良いとはいえませんが、間違いなくおいしいです。

葉は緑より黄色っぽいものがおすすめ

　スーパーなどで買う際、全体的にギュッと締まっているものがおすすめです。また、葉っぱは、青々としているものよりも淡いものを選びます。むしろ、より黄色っぽいほうがよいです。

　半分にカットされているものでしたら、芯の部分にある葉が黄色いものを選んでください。

　さらに、葉っぱの先端が薄茶色く干からびているものは、前にも説明したとおり、葉っぱの先を紐で縛って越冬した白菜である可能性が高いです。

　ほかにも、葉脈がきれいな左右対称のものや、白い部分が二等辺三角形になっているものもおすすめです。

　カットされている白菜を選ぶときは、葉が隙間なくぎっしりと重なっているものを選んでください。

新もの白菜は漬物やサラダ向き

漬物やサラダに使うのであれば、冬の白菜よりも柔らかくてみずみずしい5月頃に出る新ものの白菜がおすすめです。季節ごとにそれぞれ異なる味が楽しめるのもまた白菜の魅力です。

白菜を購入するとき、使いきれるかを考えてカットされたものを買う人がいますが、カットされていない白菜は傷みにくく、日もちがするというメリットがあります。適切に保存すると数週間はもつので、「使いきれるか」と心配しなくても大丈夫です。カットされたものより丸ごとのほうが値段も安いので、実は丸ごと買いがおすすめなのです。

保存するときは置き方に注意

白菜を保存するとき、横に寝かせているという人も多いかと思います。しかし、白菜は寝かせると、自重で葉が傷んでしまいます。そのため、保存するときは立てるようにしてください。また、寒い季節に保存する際は、新聞紙で包むことをおすすめします。そうすることで、3〜4週間は保存しておくことができます。

カットされた白菜の場合は、乾燥しやすいため、ラップに包み冷蔵庫の野菜室に入れます。冷蔵庫での保存期間の目安は、1週間ほどです。芯が残っていると傷みやすくなるので、包丁などで切り落としてください。

09

りんご

Apple

蜜の正体は余剰水分
葉っぱの日焼けに注目

基本データ

［和名］林檎　［英名］apple

［科・属］バラ科リンゴ属　［原産地］中央アジア・コーカサス地方

［旬］8 月下旬～ 11 月下旬（品種により異なる）

一年中購入できる果物

りんごは、標高が高く、寒暖差のある地域で栽培されていますが、代表的な産地といえば、やはり青森県と長野県です。毎年8月末から11月いっぱいまで収穫されます。

9月後半から、「秋映」、「シナノスイート」、「シナノゴールド」が店頭に並びます。11月に入ると、メジャーな「ふじ」や「サンふじ」も出てきて、売り場がにぎやかになります。

とはいえ、りんごは、これ以外の時期でも購入することができます。それは、収穫したりんごを一時的に仮死状態にして冷蔵庫で長期保存しているからです。

果物の大半は、長期保存や流通のことを考慮して、完熟する前に収穫して出荷されます。それはりんごも例外ではありません。しかし、完熟してから収穫する生産者もいます。高級果物店での販売がメインになりますが、スーパーが独占販売することもあります。

りんごの蜜は水分

おいしいりんご、と一口にいっても、果肉の食感や甘味、酸味などは品種や産地によって千差万別です。

よく「蜜入り」と書かれたりんごを見かけます。包丁で切ってみると、確かに芯の部分に蜜が詰まっていて、いかにもおいしそうに見えます。しかし、あれは蜜ではなく、実の中の余剰水分なのです。特に味には関係ありません。

なお、蜜入りりんごを見分けたいときは、りんごを裏返してみてください。その際、尻部分に丸みがあるものだと、蜜が多い可能性が高いです。

重くて色が均等なものが狙い目

りんごもほかの果物と同様に、大きくて、手で持ったときにずっしりと重いものがよいです。それらは水分がしっかり詰まっていることを意味しています。また、色が均等にまわっているものは、日光に当たっている証拠ですから、栄養がありおいしいはずです。葉っぱの形をした日焼けがあると、なお良いです。

さらに、軸を確認することも大切です。古くて味が落ちてきたりんごは、軸が取れやすくなるため、軸が太くしっかりしているものを選ぶようにします。

ワックスや割れなど、表面の状態に注目

りんごの色は、青から黄、赤へと変化していきます。裏側の奥の部分が黄色いもの、これを〝ベースイエロー〟と呼びますが、これがきちんと出ているものを選んでください。

りんごは一般的に、買ったらすぐに食べることをおすすめします。

スーパーや八百屋さんで、表面がぬるぬるして油っぽいりんごを見かけることがありますが、これは薬剤などではありません。りんごが完熟に近づくと、表皮細胞から脂肪酸（リノール酸やオレイン酸）が分泌されます。そして、脂肪酸がりんごの表皮を覆うろう物質を溶かすことで、表面が光ってベトベトしたワックスが現れるのです。ですから、ワックスのあるりんごを無理に避ける必要はありません。

また、りんごは、成長に伴って、実の表面が割れてきます。その痕が残っているものは、修復するだけの力があるということです。こちらもおすすめです。

実の下部や皮付近は糖度が高い

りんごの糖度の高さは、一つの実の中でも、場所によって若干ですが違います。枝が付いていた上の部分よりも、実の中央から下にかけての部分のほうが、糖度が高くて甘いのです。

また、中心部の芯、つまり種がある部分よりも、皮に近いところのほうが糖度が高いです。つまり、りんごの真ん中より下の部分で、皮に近いところが、ほかの部分よりも若干甘味が強く、おいしいのです。

りんごを食べるときは部位による味の違いを是非楽しんでください。

10

豆類1

French bean, Field pea

料理を彩る名脇役！
豆よりさやの色つやが重要

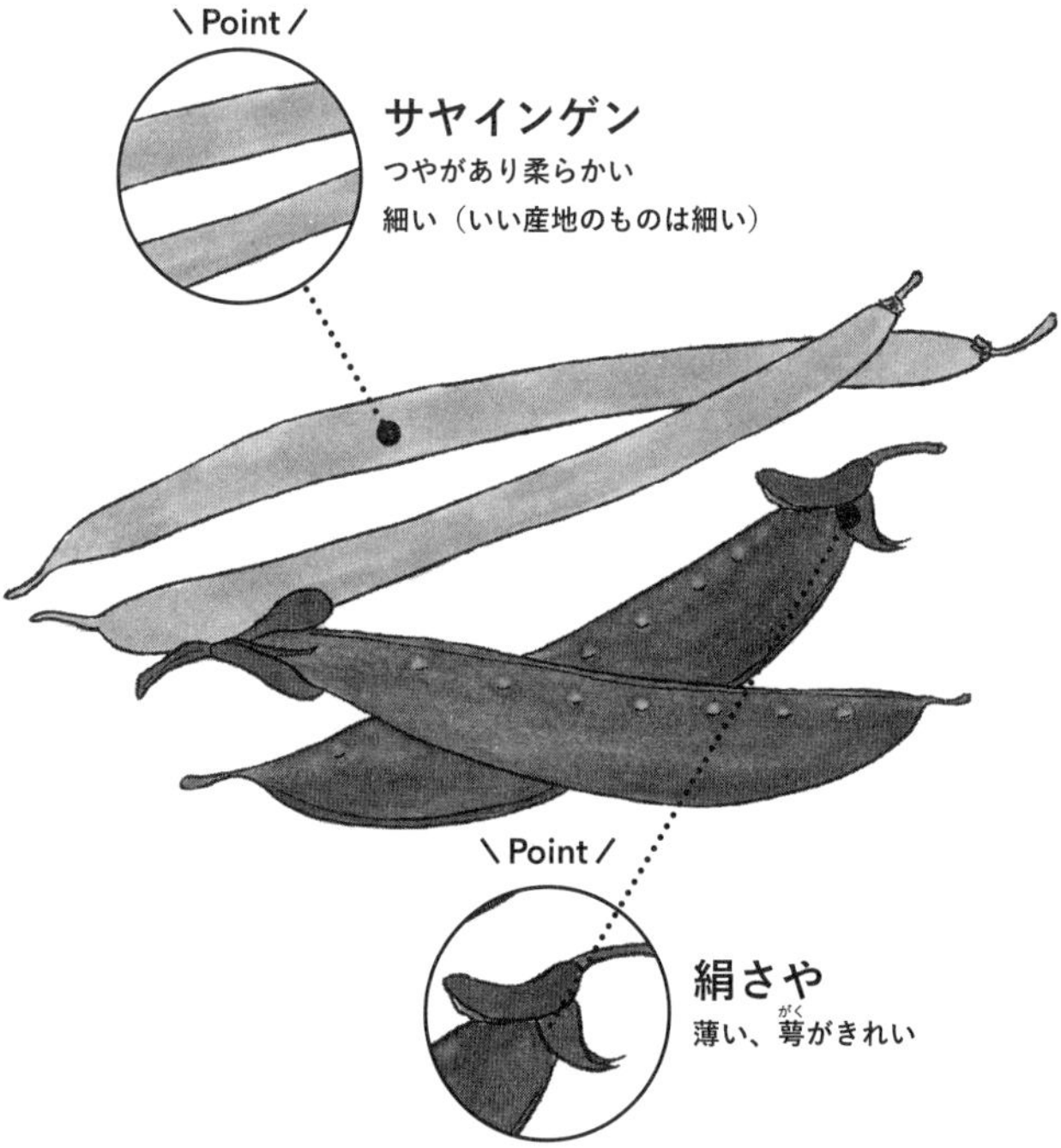

基本データ
●サヤインゲン
［和名］インゲンマメ　［英名］french bean, kidney bean
［科・属］マメ科インゲンマメ属　［原産地］中央アメリカ
［旬］4～6月

基本データ
●絹さや（さやえんどう）
［和名］さやえんどう（莢豌豆）［英名］field pea, snow pea
［科・属］マメ科エンドウ属　［原産地］中央アジアから中近東
［旬］4～5月

サヤインゲン、絹さやの旬は春

料理のメインにはならないものの、盛り付けられた器の中で存在感を放つのが、サヤインゲンや絹さやだと思います。どちらも味に癖がないためほかの食材の邪魔をせず、また、鮮やかな緑色で食卓に彩りを添えてくれます。

サヤインゲンの主力産地は、北海道や鹿児島県です。スーパーなどでは通年用意していますが、4～6月に旬を迎えます。

絹さやはハウス栽培が行われており、こちらも1年を通して購入できますが、旬は4～5月です。

「平さや」と「丸さや」の違い

サヤインゲンは、さやの断面が異なる丸さやと平さやの2種類に分けられます。地域によって嗜好が分かれ、関東では平さや、中京圏では丸さやが好まれます。

平さやはごま和えや味噌和え、丸さやはバターで炒めてステーキの付け合せなどに用いられます。油との相性も良いので、玉ねぎやニンジンなど野菜のかき揚げに入れると、青臭さが消えてホクホクの食感になります。平さやインゲンの一種・モロッコインゲンは、白っぽい色のため消費者人気はあまりなく、値段は安いですが、甘味があっておいしいので、見かけたら買うことをおすすめします。

サヤインゲンは皮のハリをチェック

サヤインゲンに限らず、私たちが食べている豆類は、未成熟です。成熟するにつれて濃い緑色になるので、柔らかくておいしい豆類は、色が薄くて弱々しく見えるものを選ぶと賢明です。

インゲンの場合、細くて、手に持って振ったときに適度なしなりのあるものがおすすめです。そのなかでも、さやの先がピンとしており、まっすぐなものを探してください。また、さやごと食べる食材なので、皮が薄く、ハリのあるものを選ぶとよいです。

数本まとめて売られていることの多いサヤインゲンは、傷みが移りやすい食材です。購入したもののなかに傷んでいるものがあれば、すぐに取り除くようにしてください。

野菜と豆の要素を併せもつ絹さや

絹さやは、赤だしのお味噌汁に入れたり、卵とじにしたりするのが一般的ですが、野菜の炊き合わせや肉じゃがに入れると、とても見栄えがよくなります。

また、β-カロテンやビタミンCが豊富に含まれているという特徴があります。β-カロテンは緑黄色野菜に含まれる色素成分で、ビタミンAに変換されて皮膚や粘膜の機能を維持します。ビタミンCは抗酸化作用をもつほか、コラーゲンの生成を助けて皮膚や血管の健康を保ちます。
それだけでなく、豆の部分には必須アミノ酸であるリジンや、ビタミンB_1といった栄養素が含まれています。
つまり、絹さやは緑黄色野菜と豆類の良いところを併せもった野菜なのです。

絹さやは鮮度重視で選ぶ

絹さやもサヤインゲンと同様に、さやを食べる野菜です。豆が入っていると、商品としてのランクは下になります。豆が入っているか分からないくらいの、薄くて柔らかいものを選んでください。なお、未成熟で豆が小さいものほど、強い香りを放つ傾向があります。

料理の彩りとして使う場合は、鮮度が求められます。サヤインゲンと同じく、適度なしなりのあるものや、つやのあるもの、萼《がく》のきれいなものを選ぶと、おいしいものが選べます。

また、絹さやの場合、もう一つ、着目すべき部分があります。それは、絹さやの先端にある〝ひげ〟です。

ひげは成熟すると落ちてしまいますが、輸送中に取れてしまうほどデリケートです。これが付いている絹さやは最高鮮度のものといえます。ある高級料亭では、絹さやを納品する際、ひげ付きを条件にしているそうです。それほど絹さやのひげは重要なのです。

11

豆類2

Snap garden pea, Broad bean

スナップエンドウもそら豆も狙い目はふっくらと柔らかいもの

スナップエンドウ

さやにハリがあり
ふっくらとしたもの

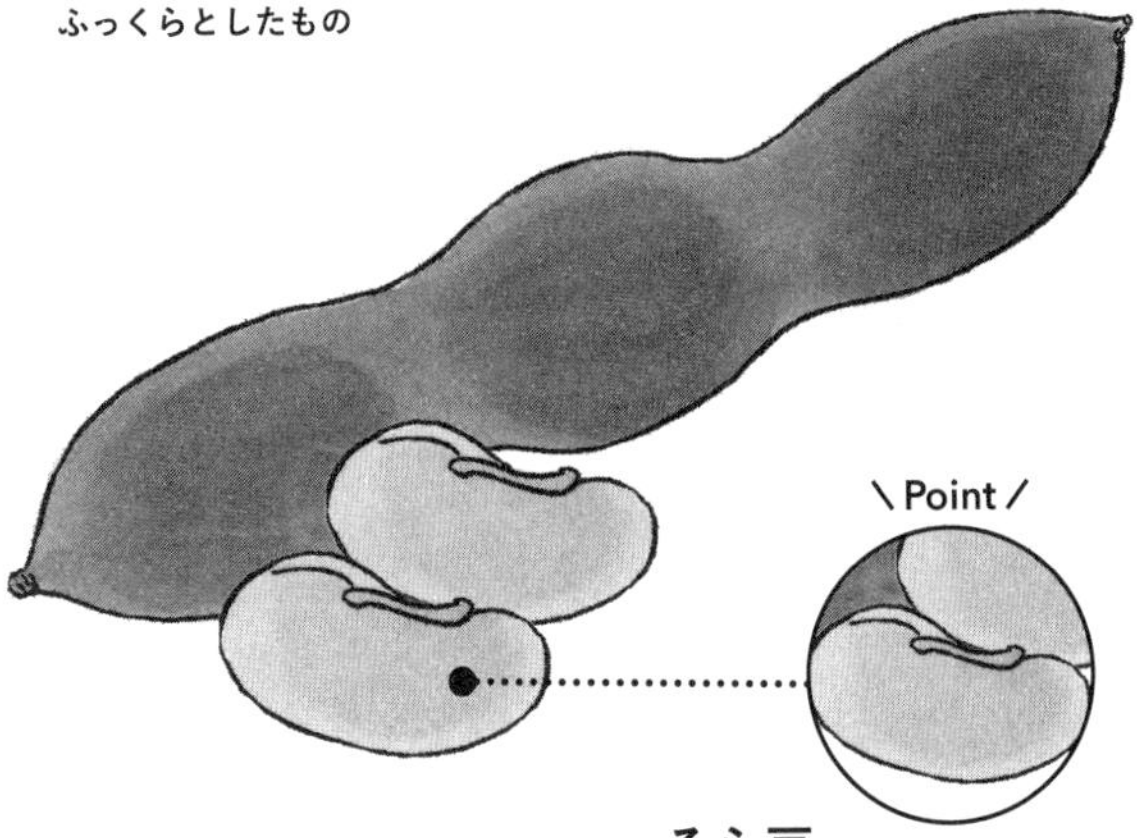

そら豆

鮮やかな緑、つやがある
よく膨らんでいる、弾力がある

基本データ
●スナップエンドウ
［和名］スナップエンドウ　［英名］snap garden pea, snap-bean
［科・属］マメ科エンドウ属　［原産地］アメリカ
［旬］3～6月

基本データ
●そら豆
［和名］空豆、蚕豆　［英名］broad bean
［科・属］マメ科ソラマメ属　［原産地］北アフリカ～カスピ海沿岸
［旬］4～6月

冬に人気のスナップエンドウ

スナップエンドウは絹さやが成長したもので、売り場に並びはじめたのは、20年ほど前です。茹でたり、炒めたりと用途が広いので人気を集めています。

毎年、冬場が出荷のピークになります。特にクリスマスには、ベビーリーフやサニーレタス、ブロッコリーなどとともにサラダにして、パーティー料理の一つとして楽しむ方が多いようです。アメリカではクリスマスにスナップエンドウだけのサラダを作る習慣があるようで、その影響を受けているのかもしれません。スナップエンドウの多くの品種には筋があり、調理するときには筋を取り除くのが一般的です。

近年では輸入品のスナップエンドウが増えたため、1年中食べることができますが、旬は3～6月です。

萼《がく》が鮮度のバロメーター

スナップエンドウは、サヤインゲンや絹さやと違って、豆の食感を楽しむ食材です。とはいえ、パンパンに膨らんだものは、かたくなりますので、さやにハリがあってふっくらとしたものを選んでください。絹さやと同様に、萼《がく》のみずみずしさが鮮度のバロメーターになります。

表面に傷があったり、皮が茶色く変色していたりするものは、おすすめできません。かたさは、曲げるとポキッと折れそうなものが良いです。

なお、スナップエンドウは劣化しやすい野菜で、時間が経つとすぐに、シャキシャキ感がなくなります。そのため、購入したらなるべく早めに食べるようにしてください。

どうしてもすぐに食べきれず、保存する場合は、キッチンペーパーで包み、ビニール袋などに入れて冷蔵庫で保存します。こうすることで2日程度ならばもたせることができます。

スナップエンドウは乾燥に弱いので、直接庫内の空気には触れさせないようにしてください。

そら豆の鮮度は触感で分かる

もう一つ、豆を食べるといえば、そら豆も見逃せません。そら豆には薄皮がありますが、剥いて食べる方も多いと思います。しかし、本当においしいそら豆は、薄皮ごと食べられます。むしろ、薄皮までおいしいのがそら豆なのです。

さやが少しでも黄色くなっているそら豆は、豆がかたくなりがちです。緑色がしっかりとしているものを選ぶのが基本です。

さらに、触ったときにフワフワとした柔らかいものは、中の豆の鮮度も良いと考えられます。指先で豆を感じられるものは、水分を失った状態で、新鮮とはいえないので選ばないほうがよいです。

皮に薄くて白いうぶ毛がうっすらと生えているものも、新鮮です。触感と合わせて確認するようにしてください。

そら豆は出始めを狙う

売り場には年末から6月くらいまでの半年間並びます。産地は鹿児島県や千葉県、茨城県などになります。

鹿児島県では収穫時期をずらして何回も作っていますが、ほとんどの産地は1週間以内に収穫します。そのため、同じスーパーでも1週間ごとに産地が変わるのも珍しくはありません。そら豆は、出始めがおいしいので、新しい産地のものが出てきたときが買いどきです。

調理寸前に剥いておいしさを堪能

よく、スーパーにはさやを剥かれた状態のそら豆が売られていますが、そら豆はさやから出たとたんに劣化が進むので、さやに入っているものを買うことをおすすめします。

さやを剥くのは、調理する直前がベストです。

そら豆は、焼いて食べるのが一番です。確かに手間は掛かりますが、さやの中に旨味を閉じ込めるので、これに勝る調理法はありません。ほろ苦さのなかにあるほんのりとした甘味を堪能してください。

12

アスパラガス

Asparagus

柔らかさで選ぶなら太いもの
旨味と香りなら細いもの

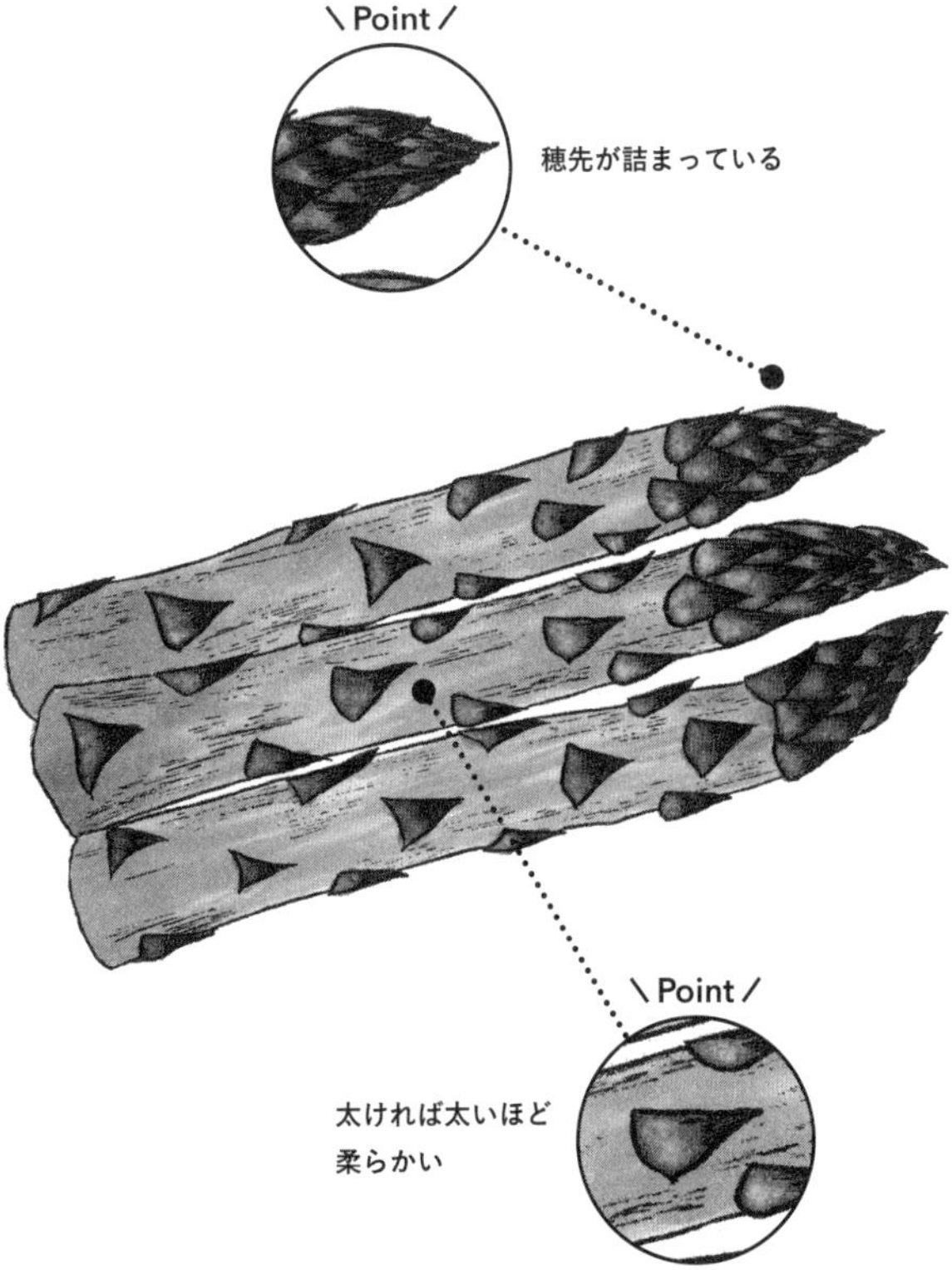

基本データ

［和名］アスパラガス　［英名］asparagus

［科・属］キジカクシ科アスパラガス属　［原産地］南欧〜ロシア南部

［旬］5月上旬〜6月下旬（ホワイトアスパラは4月下旬〜6月中旬）

アスパラガスの出荷時期は3～10月

シンプルに茹でてマヨネーズをかけて食べたり、肉巻きやフライにして食べたりしてもおいしいアスパラガス。

生産量が多いのは、長野県や福岡県、佐賀県になりますが、ネームバリューがあるのは、やはり北海道です。道の駅や空港でも贈答品として売られています。夏野菜のイメージがありますが、3月から10月にかけて出荷されます。

冬の間に甘味が増す

アスパラガスの栽培方法は少し変わっていて、秋口に木を枯らせて根っこだけを残して休眠期間に入ります。年を越して春になると、また新しい茎が出てきます。それが春のアスパラガスです。

越冬することによって、アスパラガスは時間をかけてじっくりと甘味を蓄えながら成長していきます。春のアスパラガス畑は遮るものが何もないため、太陽の光に当たっている時間が長くなり、色も濃くなります。

余談ですが、この時期に日光が当たらないように遮光して、真っ暗ななかで育てられたのがホワイトアスパラです。収穫は、ヘッドライトをつけて暗闇のなかで行います。ヨーロッパでアスパラガスといえば、ホワイトアスパラを指します。

日陰で育つ夏のアスパラガス

春のアスパラガスを収穫したあと、剪定しながら良い茎だけを残し、伸ばしていきます。竹林のようになった畑の下のほうから出てくる若茎が夏のアスパラガスです。

地温が高いので筍のようにすぐに成長します。また、茎の根元、つまり、日陰で育つので、色は淡くなります。春のアスパラガスほど味は濃厚ではありませんが、柔らかい食感が特徴です。

太さの違いは水分量の違い

アスパラガスは細いほうが柔らかいと思っている方が多いですが、太いほうが柔らかいのです。太さに関係なく、含まれる繊維質の量は変わりません。太いアスパラガスはより水分を含んでいるので、口の中に残る繊維質を感じにくくなります。つまり、柔らかく感じるのです。

一方、細いアスパラガスは水分量が少ない分、食感はかたくなりますが、より旨味と香りを堪能できます。どちらが良いかというのは、意見が分かれるところです。

穂先で鮮度を判断

アスパラガスは鮮度が大事な野菜なので、スーパーで購入するときは、なるべく近くの産地のものを選ぶようにしてください。

また、ハウス栽培のアスパラガスよりも露地もののほうがおいしいといわれています。特に5月上旬〜6月下旬に出回る露地ものはおすすめです。


アスパラガスの鮮度を見極めるには、穂先を確認することが重要です。穂先がしっかりと詰まっているものは新鮮で、穂先が開いているものはおいしくない場合が多いです。

さらに、鮮度が劣化したアスパラガスは、穂先の下あたりから茎が痩せて曲がっていき筋っぽくなります。ただし、穂先が曲がっているものは強い風によって曲がった場合が多く、味には問題がありません。値段も安いことが多いので、狙い目です。

切り口で判断するときは要注意

茎の色や切り口を見て鮮度を判断することもできます。

茎が鮮やかな緑色のアスパラガスは新鮮で良品といえます。反対に、色が薄いものはおすすめできません。

切り口が溶けているアスパラガスは鮮度が悪いので、避けてください。しかし、販売店によっては溶けた部分を切り落として販売している可能性もあるので、切り口だけで判断するのはよくありません。必ず穂先や色味も確認するようにしてください。

13

レタス

Lettuce

採れたては甘味がすごい！
サニーレタスはβ-カロテンが豊富

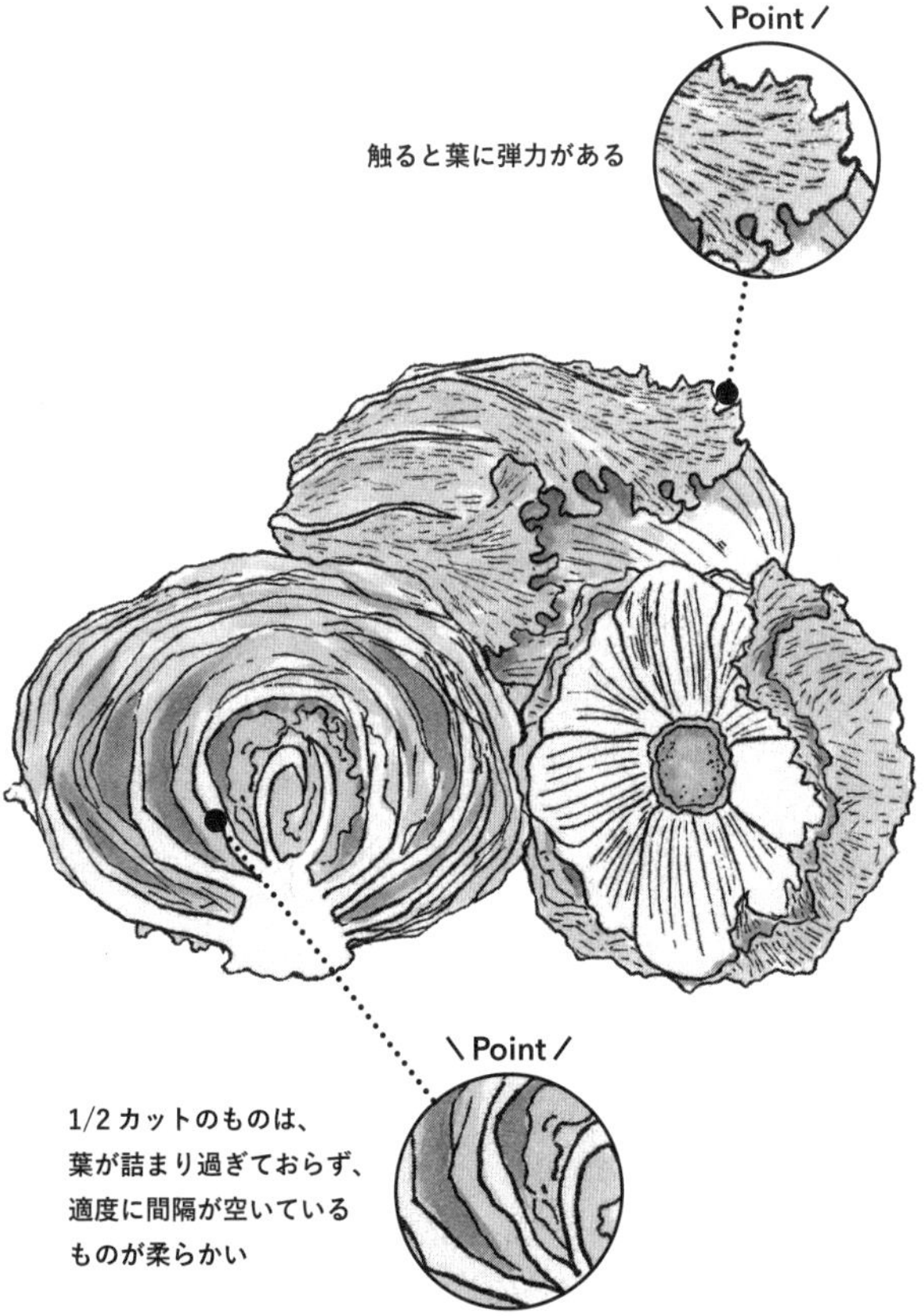

基本データ

［和名］萵苣（チシャ）［英名］lettuce

［科・属］キク科アキノノゲシ属　［原産地］西アジア、地中海沿岸

［旬］10 ～ 11 月

レタスは採れたてが一番

私の店では、初夏に長野県八ヶ岳高原でその日の朝に収穫した「今朝採りレタス」を販売するイベントを不定期で開催しています。

レタスは、採れたてがいちばんおいしいです。産地で食べると、甘味があるのです。このおいしさを多くの方に伝えたいと思い、イベントを企画しました。

レタスは、栄養分が少ないうえに水分量が多いので、劣化するのがとてもはやいのです。いくら冷蔵庫の性能が良くなったとはいえ、買ったその日に食べきることをおすすめします。

日本では秋のレタスがおすすめ

レタスは、もともと地中海沿岸で多く栽培された野菜で、空気が乾燥していて温暖な気候の土地が栽培に適しています。

日本の気候には合わないので、加温したり、霜の対策をしたりと無理をして栽培しているのが現状です。しかし、10月から11月は何も手を加えることなく栽培できますから、この時期のレタスはおいしいです。

日本の主なレタスの産地は、長野県や茨城県、群馬県などです。長野県は生産量トップで、特に佐久地方や松本地方でのレタス栽培が盛んです。

サニーレタスは栄養豊富

レタスには、日本で主流の玉レタスのほかに、結球しないリーフレタス（サニーレタスなど）や、白菜のような見た目の立ちレタスなどの種類があります。

玉レタスの栄養価はあまり高いとはいえませんが、水にさらしてもビタミンCをほとんど損なわないという特徴があります。サニーレタスは典型的な緑黄色野菜で、β-カロテンなどを多く含んでいる、比較的栄養価の高いレタスだといえます。

選ぶなら軽いものを

レタスは、成熟し過ぎると苦味が出てきます。丸い玉レタスは、7〜8割の成熟度のときに収穫するのが一般的です。ただし、育ち過ぎたレタスが売られていることも多いので、スーパーで購入する際には注意してください。育ち具合を見分けるポイントとしては、まず、手に持ったときにふんわりと軽くて、弾力のあるものが挙げられます。

レタスの食感は、噛んだときに歯を押し返すような弾力が特徴ですので、弾力の有無は重要です。

半分にカットして売られている場合は、葉がぎっしりと詰まっているものではなく、ある程度の間隔があるもののほうを選んでください。

〝たこ足〟のもの、葉が濃いものは注意

裏側の切り口からぽこっと出ている筋（葉脈）にも着目します。それが120度の角度で3本、多くても5本までのレタスが柔らかくておいしいです。逆に、筋の数が多いものは、〝たこ足〟といわれ、収穫するのが遅れたレタスです。

葉脈のほか、葉の色にも注意してください。濃い緑色の葉をもつレタスは、収穫に適した時期よりも前に採られて苦味があることが多いので、選ばないでください。

葉に赤い線のあるレタスは避ける

レタスを切ると、乳液のような白い液体が出てきます。酸化しやすくて空気に触れるとすぐに赤茶色になってしまいます。

レタスの葉に赤い線が入っているものは、この乳液を運ぶ管が破裂している状態ですので、避けたほうが賢明です。レタスは劣化がとてもはやく、デリケートな野菜であることを覚えておいてください。

ひと玉のレタスを買うときは、芯の切り口が赤いと鮮度がいいと判断できます。切り口が茶色いものは鮮度が悪いので買わないほうがいいと思います。

切り口が大きいものは育ち過ぎなので、なるべく小さな切り口のものを選んでください。10円玉程度の大きさのものは、しっかりと管理された土地で育てられたレタスである可能性が高いです。

14

いちご

Strawberry

品種の多さも魅力の一つ
二番果の走りは別格のおいしさ

基本データ

［和名］いちご　［英名］strawberry

［科・属］バラ科フラガリア属（イチゴ属）

［原産地］北米東部、南米チリ（バージニアイチゴとチリイチゴの交配により現在のいちごが誕生）

［旬］1月上旬～2月中旬

バラエティに富むいちご

いちごの売り場には、さまざまな品種が並んでいます。そのため、どれを選べばよいのか分からないという方も多いと思います。

有名なのは福岡県の「あまおう」や栃木県の「とちおとめ」などですが、「女峰」や「アイベリー」など、あまり知名度は高くなくとも、魅力的な品種はたくさんあります。

色や果肉の食感や甘味、酸味は品種ごとに違います。好みに合わせて選べばよいのですが、いちごのおいしさを決めるのは品種だけではありません。

ヘタと実の距離がポイント

一般的には、サイズが大きいものや、ヘタの部分がしなびておらず、色が鮮やかで、麦わら帽子のような形をしているものがおいしいです。

また、ヘタから肩の部分までの距離が長いものは、親株から少しでも遠くに花を伸ばすためであり、しっかりと強く育った良品であることを表しています。

距離だけでなく、ヘタの状態もおいしいいちごを選ぶ参考になります。ヘタがきれいな緑色でピンと張っているものは、元気に育ったおいしいいちごの場合が多いです。

パックの裏から傷みを確認

スーパーなどでパックのいちごを購入することも多いと思います。その場合は、まず、パックを表から見て、いちごの赤みやつや、形を確認します。

大ぶりでつやがあり、種の粒々がくっきり見える、鮮やかな赤みのいちごは、おいしい可能性が高いです。そのようないちごを見つけたら、次はパックの裏をみます。裏から見たときに、いちごに傷みがないか、実から果汁が滲み出ていないかなど、確認するとよいです。

また、パックの状態でも分かるほどの甘い香りを放つものは、完熟している可能性が高いです。

どんな品種も、買うなら近場のものを

いちごに限らず、果物は熟したほうがおいしいに決まっています。ところが、いちごは、劣化するのがとてもはやく、完熟する前に収穫して出荷されます。どれだけ有名な品種であっても、これではおいしいとはいえません。

私の店で扱ういちごは、地元の岐阜県産で生産者も指定しています。産地から店までの距離が近いので、春先は、朝採ってきたものをそのまま店頭に並べます。冬でも収穫してから24時間以内には並べます。スーパーなどで購入する場合、遠隔地で採れたものは避けて、地元産か近くの産地のものを選ぶとよいです。

1シーズンに3回実を付ける

いちごは、12〜6月までの約半年間、売り場に並びます。しかし、おいしい期間となると、ほんのわずかです。年内よりも年が明けて、1月の成人の日あたりから2月20日までの間がおすすめです。

この時期は、最初に咲いた花からできる実（一番果）が終了し、2期目の花からできる二番果になります。

二番果は3月頃までで、4〜5月には、三番果ができます。三番果は小さくて酸っぱいいちごで、値段も安くなりますが、ジャムにするとおいしいです。

なお、いちごはほとんどがハウス栽培なので、産地による旬の違いはありません。

特においしい、二番果の走り

二番果の走り（出始め）は、種の配列がぐちゃぐちゃで、形も歪になりますので、見た目で避ける人もいます。

通常のいちごは、種の間隔が等間隔できれいな円錐形のものがおいしいとされています。ただし、二番果の走りのおいしさは別格なので、一度は食べてみることをおすすめします。

つまり、いちごは、地元産か近くの産地のもので、1月半ばあたりから出始める二番果の走りに狙いを定めれば、間違いなくおいしいものが食べられるのです。

是非、味わってみてください。

15

桃 Peach

雨が少ないほどおいしく育つ！
赤い点々が甘さの目安

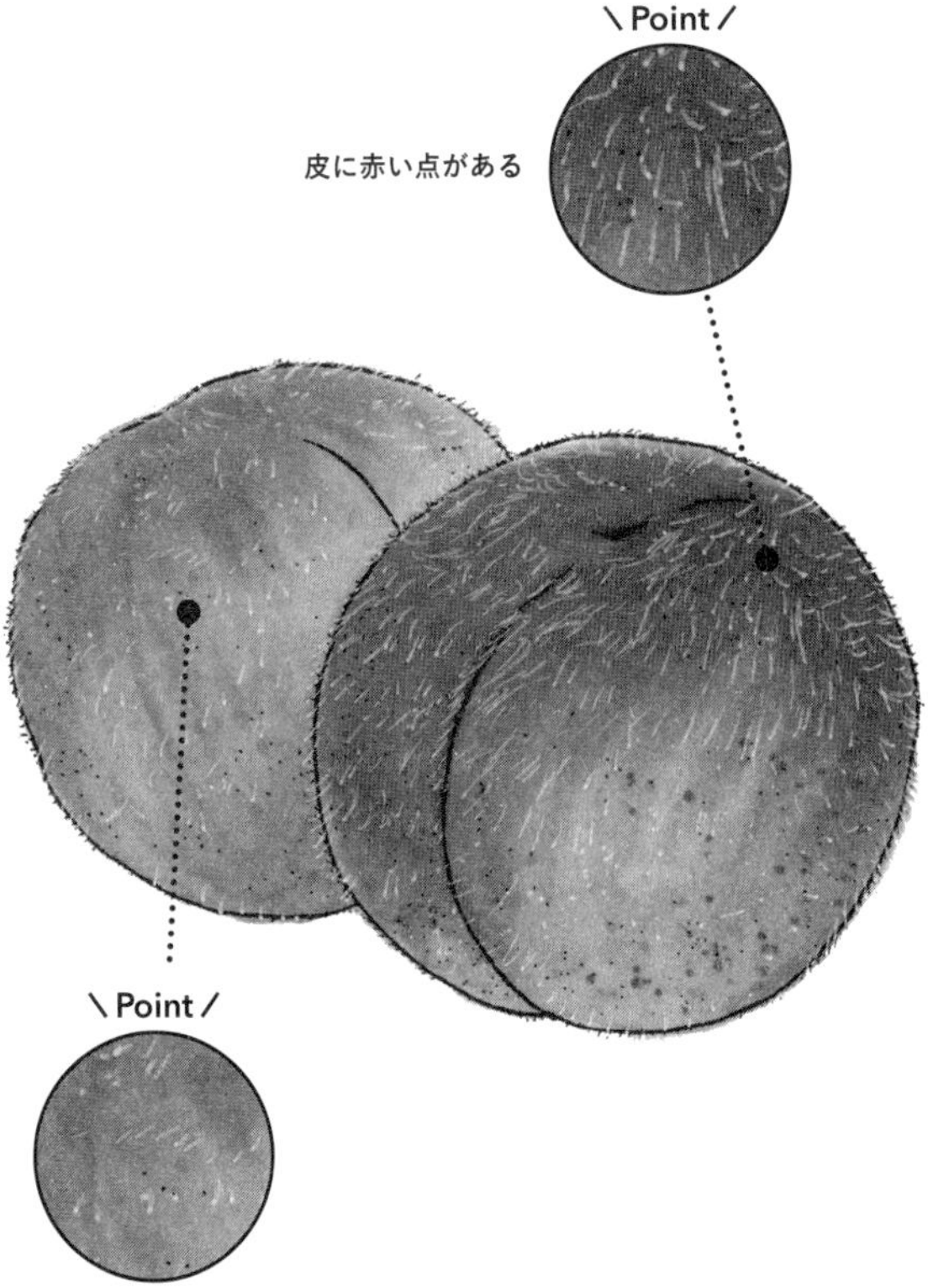

基本データ
［和名］桃　［英名］peach
［科・属］バラ科モモ属　［原産地］中国中北部
［旬］7～8月

かたさや色では判断が難しい

市販されている桃には、皮に毛が生える「毛桃系」と、ネクタリンなど、毛が生えない「油桃系」があります。毛桃系は、さらに「白鳳系」と「白桃系」に分かれます。

かたさでいうと、白鳳系のものは柔らかく、白桃系のものはややかためといえます。しかし、かたさをおいしさの基準にするのは難しいものです。例えば、福島県では「かたくないと桃ではない」としてよりかたい桃を好む文化があります。品種の特徴を参考に、お好みのかたさの桃を選ぶとよいでしょう。

桃は、触っただけでも指の跡がつくほどデリケートなので、2個または4個ずつパッケージングされるようになりました。そのなかからおいしいものを選ぶのは、仲卸人でも非常に困難です。

ただ、果物は大きいほどおいしいですから、サイズの大きいものを選んでください。

桃全体がピンクのものを選んで買う人もいますが、実は、桃の色とおいしさは、あまり関係ありません。桃の木の下に反射板を置いて栽培し、色味を良くしている農家もあるからです。

ただし、皮の表面に青みが残っているものは未熟なものです。もし未熟な桃を購入してしまったら、室温で風通しの良い場所に、皮が色づくまで置いておいてください。追熟させることで、おいしく食べられるはずです。

赤い点々がおいしさの基準の一つ

全体の色よりも、皮の赤い点々に着目するほうが、おいしい桃に出合いやすくなると思います。

木の頂点付近でよく日光を浴びた桃は甘くなりますが、そういった桃に赤い点々が出やすいのです。そのうえ、点々があると一級品からははじかれるので、高くない値段でおいしい桃が手に入るかもしれません。

また、桃のなかでも、白桃などの種類にはうぶ毛が生えています。その場合、うぶ毛が実の全体に、きれいに生えそろっているものは、鮮度の高いものと考えて大丈夫です。

糖度保証を表す呼び名

桃は糖度の保証をしている産地がほとんどですので、どれを選んでもハズレを引くことはないと思います。

よりおいしいものを求めるのであれば、値段は高くなりますが、高い糖度を保証している桃をおすすめします。各地での呼び名としては「プレミアム」、「大糖領」、「エクセレント」、「太鼓判」、「輝々」などがあります。こうして出荷される桃なら確実においしいです。

また桃の場合、重要となってくるのは天候です。雨が続くと、おいしい桃は実らないのです。カンカン照りで、雨が10日間ほど降らない時期に収穫された桃は間違いなくおいしいです。

桃の時期は新盆から旧盆

桃の主な産地は、山梨県や福島県、長野県です。桃はだいたい5月中旬から9月中旬まで売り場に並びます。まず、最初に出るのは、「日川白鳳」という品種になります。

その後、新盆の7月15日前後に山梨県産の「白鳳」が出始めます。この品種は、鮮やかなピンク色をしていて、果肉が柔らかいのが特徴です。甘味が強く酸味の少ない、ジューシーな桃です。特に関東の方は新盆に「白鳳」を好んで食べるようです。

新盆は、ちょうど梅雨明け宣言が出る頃でもあり、さらにその10日後くらいから売り場にはおいしい桃がどんどん並びます。「白鳳」もまだありますし、「あかつき」という品種も出てきます。この品種も果肉が柔らかくておいしいです。

その後、旧盆の8月15日くらいに「なつっこ」や「川中島白桃」が出て、しばらくすると桃のシーズンは終わります。

8月の後半には、梨もおいしくなっていますので、桃の売上も減少していきます。新盆から旧盆までの期間に雨が少なければ、おいしい桃と出合う確率も高くなります。

16

大根

Radish

おでんに欠かせず
漬物にしてもおいしい冬の野菜!

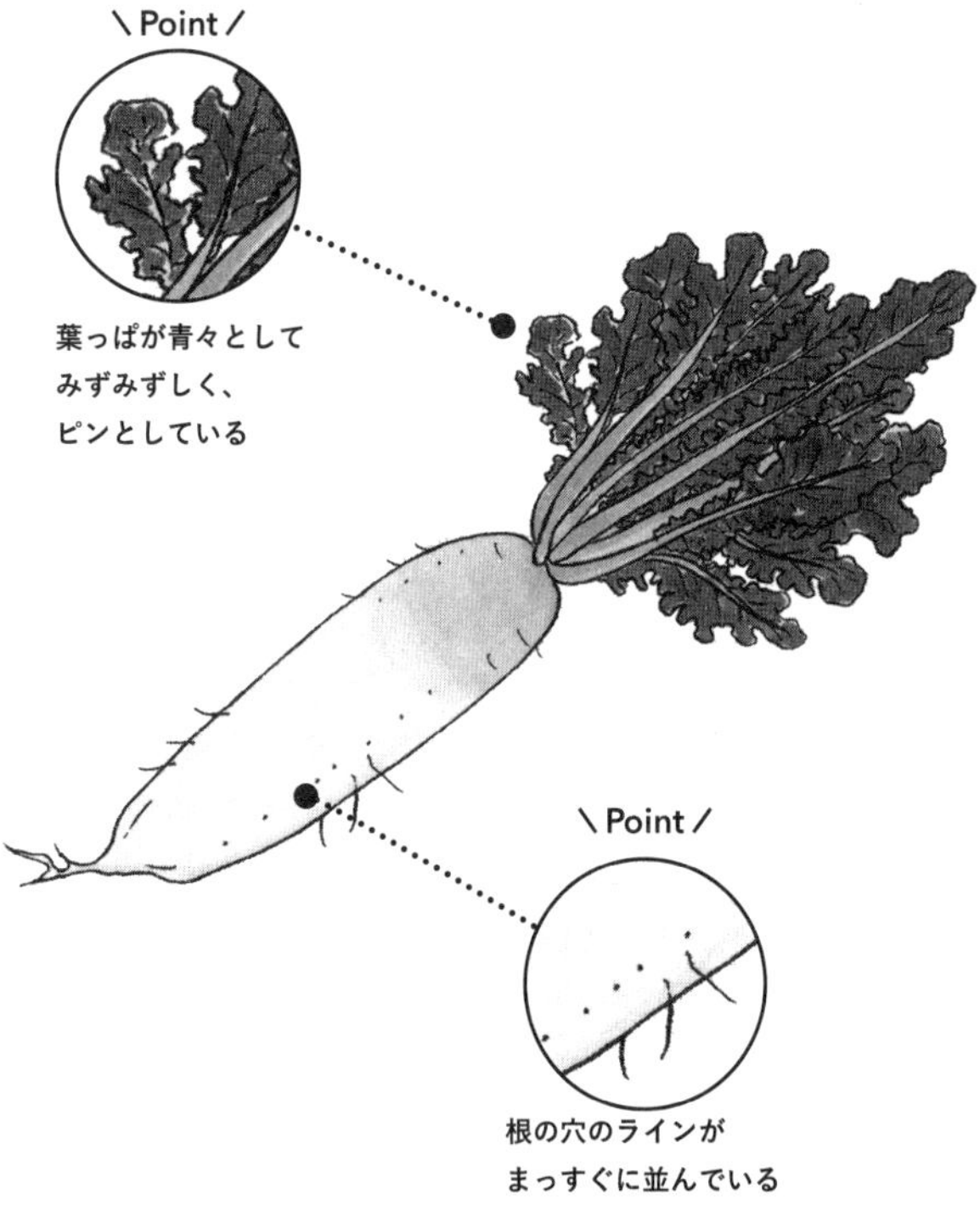

基本データ
［和名］大根　［英名］radish
［科・属］アブラナ科ダイコン属　［原産地］地中海沿岸、中央アジア
［旬］11 月～ 2 月

大根の旬は11～翌2月

大根もまた、白菜と同様に日本の食を支えてきた野菜だと思います。おでんや煮物などに使用すると、だしの旨味と大根そのものの味を楽しむことができます。また、大根の漬物も保存食として重宝されてきました。

大根は日本全国で栽培され、売り場にも1年中並びます。冬の野菜ですので、11～翌年2月が最もおいしく食べられます。

しかし、サンマが出回る盆明けから、少し肌寒くなっておでんが恋しくなる9月、10月と、旬ではない時期に消費量が増えます。

薬味以外には甘い大根を使う

大根は、辛いというイメージがあるかもしれません。辛味大根など、蕎麦の薬味に使うものは別として、辛い大根は、煮込むと辛味から苦味に変わるのでおいしくありません。

私の会社が取引している生産者が作った大根は、まるで梨ではないかと思うほど甘味があります。手で持つと、ずっしりと重く、身が締まっています。

きめが細かくて煮込むとすぐに火が通って味が染みわたりますし、そのまま生でかじっても噛み溜まりがありません。細胞の配列が整っているからであり、ストレスを受けずに育った証拠です。

形と根っこの痕をよく見る

　甘味のある良品をどのように見分けるのかというと、まずは形です。先細りしておらず、上から下まで太さが一定になります。秋冬の大根は、長さは短くても、太さがあるものが良いとされます。大根は寒ければ寒いほど太く、おいしくなるからです。

　また、大根をよく見ると、小さな穴が縦に並んでいます。これは根っこの痕ですが、この縦に並ぶラインが歪なものは、畑の土がかたかったり、石があったりとなにかしらのストレスを受けていると考えられるので、ラインがきれいなものを選びましょう。

　根っこの穴については、並びのほかに数にも注目してください。適量の水で丁寧に育てられた大根は根の数が少ないため、根っこの痕が少ないものを買うといいです。穴が深いものや目立つものは良品とはいえないので、避けるようにしてください。

カット大根は頭のほうを選ぶ

　2分の1カットなど切り分けて売られることも多い大根ですが、カットされた大根は頭のほうを選ぶことをおすすめします。

　大根の辛味の原因は「イソチオシアネート」という成分ですが、この成分は大根の部位によって、含まれる量が異なるのです。根のほうほどイソチオシアネートの含有量が多く、辛味を強く感じます。そのため、辛味の少ないカット大根を買いたい場合は、根のほうではなく頭のほうを選ぶようにしてください。

ハリのある葉っぱは新鮮な証

大根は、90％以上が水分なので、鮮度も重要です。スーパーや八百屋さんでは鮮度感を出すために、葉っぱが付いたまま売られていることがありますが、葉っぱが青々としてピンとハリのあるものを選んでください。

葉がカットされた状態で売り場に並んでいる大根の場合は、葉の切り口を確認します。切り口の中央あたりが空洞になっているものや、白いものはスが入っていて古くなったものであることが多いので、買わないようにしてください。

保存時は葉っぱを落とす

大根は葉っぱが付いたままだと、呼吸量が多くなるので、水分が抜けてしまいます。購入後は、すぐに葉っぱを落として保存したほうがより日もちします。また、大根はほとんど水分でできている野菜なので、野菜室に入れるときにはラップで包むようにしてください。

大根は用途も多く、使い勝手のよい野菜です。いろんな料理を楽しんでください。

17

トウモロコシ

Corn, Maize

加熱しても失われにくい豊富な栄養を含む野菜

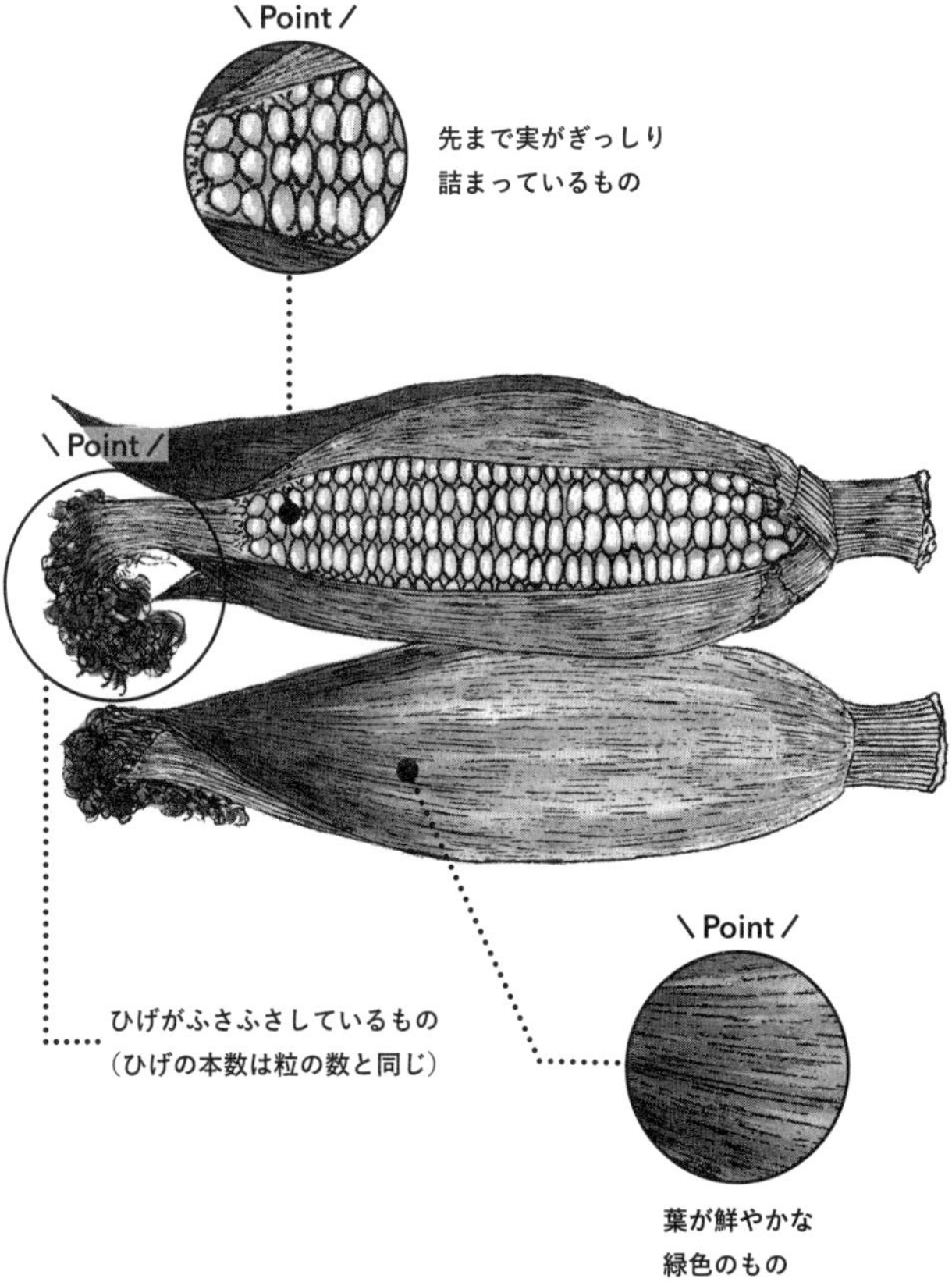

基本データ

［和名］トウモロコシ　［英名］corn, maize

［科・属］イネ科トウモロコシ属　［原産地］南アメリカ北部〜メキシコ

［旬］6〜9月

トウモロコシが並ぶのは2～9月まで

トウモロコシが売り場に並ぶのは、2月からです。沖縄県産のものから始まり、4月下旬に宮崎県のハウス栽培のものが出荷され、だんだんと産地が北上していきます。ラストは北海道産のもので、9月いっぱいまで並びます。日本でいちばん生産量が多いトウモロコシは、すべての粒が黄色い単色系品種です。そのなかでも「ゴールドラッシュ」は、味も良くて作りやすいことから多くの産地で栽培されています。

最近では、白い粒が入った2色系品種でも甘味が強く、おいしい品種が増えてきました。特に「ドルチェドリーム」はおすすめです。

粒の皮がかたいとおいしくない

トウモロコシは、甘味だけではなく、粒の皮の柔らかさも重要です。いくら甘くても、粒の皮がかたかったらおいしさを感じません。「味来《みらい》」や「甘々娘《かんかんむすめ》」など皮が柔らかい品種もあります。

粒の皮がかたくなるのは、収穫時期を過ぎている場合もあります。トウモロコシは、粒がパンパンに膨らんでいるものが商品として高く評価されるので、生産者たちもより大きいものを出荷する傾向があります。実はそれが味を落としているのです。

たまに粒がえくぼのようにへこんでいるトウモロコシを見かけることがあります。

これが収穫時期の過ぎたものになります。

体内に蓄えた養分を自分の子孫、つまり種を残すためのエネルギーに転換された状態ですから、甘味が落ちて皮もかたくなるのです。逆に、えくぼになる直前は、完熟度が高くて、いちばんおいしいということになります。

トウモロコシの栄養

トウモロコシは、カロリーが比較的高い野菜で、栄養豊富です。食物繊維が多く、コレステロール値を下げる働きのあるリノール酸や、ビタミンBが含まれています。加熱してもこれらの栄養が失われにくいのが強みです。

カロリーが高いといっても、菓子類やお米よりは少ないです。また、ご飯やパンはGI値（血糖値の上昇度）が高いですが、トウモロコシのGI値は中程度なので、小腹がすいたときの間食にトウモロコシを食べると、健康とダイエット両面に効果があります。

1日に1／2～1本程度の摂取であればカロリー過多にはならないので、上手に取り入れてください。

トウモロコシは体を冷やさない食材で、むくみを改善したり胃腸の働きを整えたりする効果もあります。

冷え症の人や疲れが気になる人にもおすすめです。

おいしいトウモロコシの選び方

見分けるときは、表皮がプカプカと浮いておらず、実と葉に一体感があり、太くて先まで実がぎっしりと詰まっているものを選ぶとよいでしょう。

また、トウモロコシは、呼吸量の多い野菜でもあります。呼吸量を抑えるために、鮮魚のように箱の中に氷を入れて出荷する生産者もいるほどです。呼吸は熱に変わるので、触ってみてひんやりとしているものや、皮が鮮やかな緑色をしたものも鮮度のよい証拠です。

ひげが多くふさふさしていて、濃い茶色のものは、実がよく詰まって熟しているので、おすすめです。

おいしいトウモロコシの食べ方

指で触って粒の柔らかい品種は、軽く火を通すか、生で食べることでシャキッとした食感を味わえます。一方、粒のかたい品種は熟度が高いことが多いので、焼くことで旨味を味わえます。

茹でるときはすべての表皮を剥ききるのではなく、最後の一枚を残すことがポイントです。こうすることで旨味を閉じ込められるのです。また、トウモロコシをおいしく食べるには、「買ったら早めに食べる」ことが大切です。トウモロコシは劣化がかなりはやい野菜なので、できることなら買ったものをその日に食べるのがおすすめです。

18

トマト

Tomato

品種改良で食べやすく！ミニトマトは出荷量が年々増加

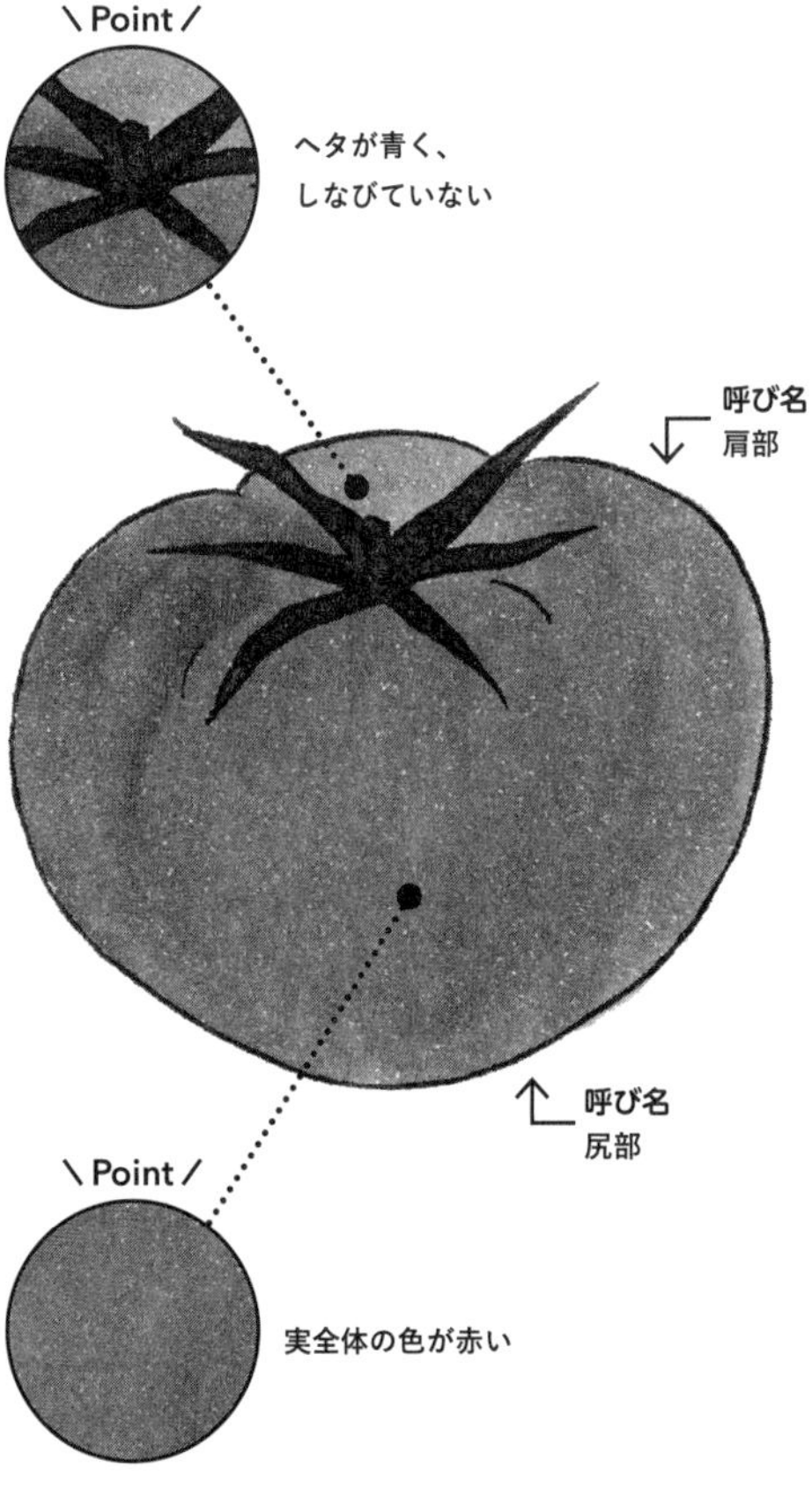

基本データ

［和名］唐柿《とうし》、赤茄子《あかなす》、蕃茄《ばんか》、小金瓜《こがねうり》、珊瑚樹茄子《さんごじゅなす》　［英名］tomato

［科・属］ナス科トマト属　［原産地］南アメリカ・アンデス高地

［旬］6月

いろいろな種類があるトマト

ひと昔前、トマトは子どもの嫌いな野菜の上位にランクされていました。大人でも、トマト特有の青臭さや食感、ゼリー状の果肉が苦手な人は多いです。しかし、今は品種改良が進んで、青臭くて、ゼリー質の多いトマトは少なくなりました。野菜のなかで「トマトだけは食べる」という方もいるほどです。

特にミニトマトやミディトマトは、ヘタを取ればそのまま食べられるという手軽さから、数多くの品種が誕生しています。出荷量はまだ普通のトマトのほうが上ですが、年を追うごとに伸びています。

トマトの旬と品種

トマトは、6月が旬の夏野菜ですが、1年中売られています。秋から冬、春にかけては、熊本県や岐阜県、愛知県など温暖な地域、夏になると北海道や青森県など高冷地から出荷されます。

有名なのは、「桃太郎」や「麗月」という品種になります。「麗月」は、果肉がかたくて青臭さがなく、ゼリー質がほとんどないのが特徴です。つまり、ひと昔前のトマトのネガティブな部分を一切排除した品種になります。日もちもするので店としても売りやすく、主力商品となっています。

トマトの栄養

トマトには、高い抗酸化作用があることで知られる、リコピンが含まれています。リコピンはトマトの赤色を作っている成分でもあります。これは、同じように抗酸化作用があるとされるカロテンよりも効果が強いのが特徴です。そのほかにも、ビタミンAやビタミンC、カリウムや食物繊維など、トマトはさまざまな栄養成分をバランスよく含んでいます。

トマトは、ほどよい大きさで、味もさっぱりして癖が少ない野菜です。たくさんの量を食べやすく、その分栄養を効率的に摂取しやすいのです。

おいしいトマトの選び方

トマトは、色が全体的に赤いものがおいしいです。お尻の部分に放射状に線が入っているものや、脂質が滲み出ていて触ると脂っぽさがあるものも糖度の高さを表しています。

重いトマトもおいしいと考えられるので、持ったときにずっしりとした重みと、ぎっしりと詰まった果肉の質感を感じるものを選んでください。

逆に、少し角張ったところがあったり、色むらが見られるトマトは、中に空気が入っていたり水っぽい可能性があるので避けてください。

おいしいトマトを選んだら、保存のときにあまり冷やし過ぎないようにしましょう。冷やし過ぎると、せっかくの糖度が落ちてしまうためです。

フルーツトマト・ミニトマトの選び方

フルーツトマトの場合、肩の部分に〝グリーンバック〟と呼ばれる緑色の筋が入っているものは甘味が強いといわれています。

ミニトマトは、手頃な値段のものとその店の仕入れ担当者がこだわった糖度の高い2〜3種類が売られていることが多いです。

甘さにこだわるのであれば、オランダ産の品種「フロランティーノ」など、細長い形をしたものをおすすめします。果肉に厚みがあって、通常のものよりも甘味が強いです。

おいしいトマトの食べ方

トマトそのものの旨味を感じるおすすめの食べ方は、塩を振ることです。塩味がトマトの旨味を引き立ててくれます。

そのほかにも、はちみつと塩を和えてマリネにしたり、めんつゆに漬けて数時間おいたりしたものも、おいしいのでおすすめです。

ミニトマトはそのまま食べてもおいしいですが、ピッツァの上にのせたり、豚肉を巻いて串焼きにしたりして食べても絶品です。

19

ピーマン

Green pepper

濃い緑色が特徴の夏野菜
苦味を活かしたレシピが人気

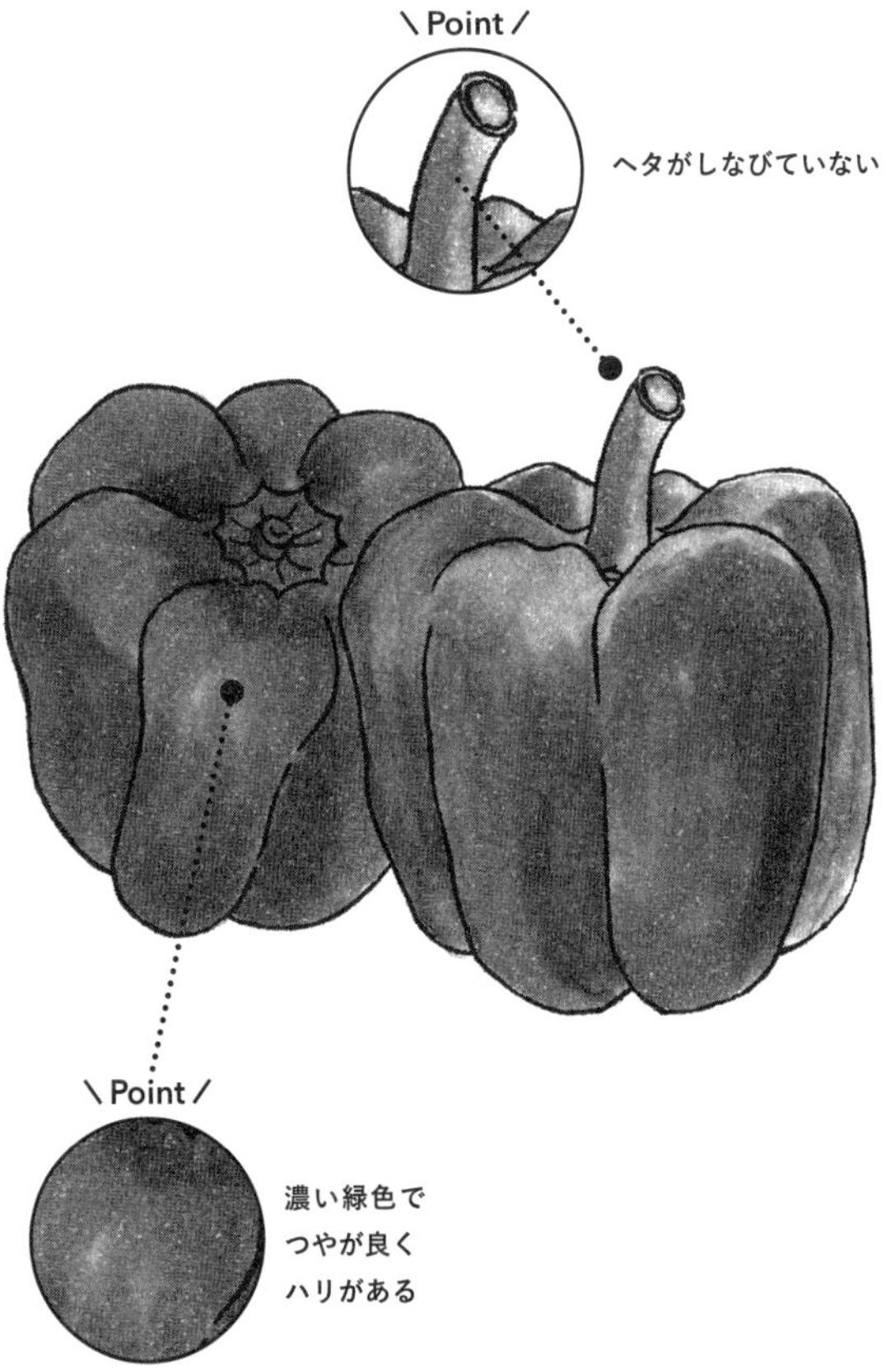

基本データ

[和名] ピーマン　[英名] green pepper

[科・属] ナス科トウガラシ属　[原産地] 熱帯アメリカ

[旬] 6 ～ 9 月

苦味が弱くなりつつあるピーマン

ピーマンは、子どもの嫌いな野菜の代表格として有名です。

ピーマンはパプリカとは別の種類の野菜ですが、成熟するとパプリカのように赤くなり、苦味が減って、甘味も出てきます。それをあえて成熟する前に収穫するのは、苦味を楽しむ野菜だからです。

現在は品種改良が進み、ひと昔前よりも確実に苦味は少なくなっています。苦味の少なさに特化した品種も開発されていますが、ピーマンを買う方はある程度の苦味を求めているので、人気はいまひとつのようです。

ピーマンは夏の野菜

ピーマンは、1年中買うことができますが、本来は夏野菜です。20～30度の気温が高い環境で育ったピーマンは、栄養が豊富で特においしいです。茨城県や岩手県で多く栽培されている、6～10月に収穫されるピーマンは、「夏《か》秋《しゅう》ピーマン」と呼ばれ、肉厚で柔らかく、緑色が濃いのが特徴です。

一方、冬場のピーマンは生育日数が長くなるので、夏秋ピーマンと比べて果肉がややかたくなります。

しかし、11月くらいに出始めるピーマンは、水分量が多くて、香りもしっかりとしています。

ピーマンの栄養

ピーマンにはレモンの2倍、トマトの5倍のビタミンCが含まれています。ピーマンの苦味はピラジンと呼ばれる物質で、血液をさらさらにする働きがあるとされ、血栓症などの予防効果があるといわれます。

ピラジンは、苦味が強いピーマンほど多く、皮よりも種やわたの部分に含まれています。

ピラジンをより多く摂るため、ピーマンの種とわたを取らずに食べる方法もあります。手間を省くこともできるので、おすすめの食べ方です。種やわたには毒がなく、安全に食べることができますが、実の中にゴミや虫が入っていたり、中身が劣化している場合は、きれいに取り除いてから食べてください。

ほかにも、ピーマンの緑色を作り出していて、抗がん作用があるクロロフィルや、皮膚粘膜を強くしたり免疫力を高めるβ-カロテンなど、体にいい栄養がたくさん含まれています。

ピーマンは柔らかさが大切

かたいピーマンは、茹でたり、炒めたりしてもあまりおいしくはありません。ピーマンのおいしさは、まず、柔らかさにあると思います。特に、青椒肉絲や肉詰めなど肉との相性が良いので、大きくて柔らかいものを選んでください。

品種にもよりますが、ピーマンの柔らかさは形にも表れます。収穫時期がやや遅かったものは長細い形をしていて、食感はかたくなります。適切な時期に収穫されると、丸みを帯びた形をしているものになります。

また、色も大切です。ピーマンの品種改良は、色にこだわって続けられてきました。生産者たちは現在も、濃い緑色をめざしてピーマンを作っています。

一般的に、色の濃いピーマンは、出始めの頃のものや樹勢の良い株で育ったものと考えられますので、間違いなくおいしいです。

おいしいピーマンの食べ方

ピーマンは、実に水分をストックする巨大細胞があります。調理する前に氷水に浸けておくと、食べたときにストックした水分が口の中に入るので、苦味を感じにくくなります。みずみずしさもアップしますので、是非、試してみてください。

近頃は、いくらでも食べられるという意味の「無限ピーマン」と呼ばれる大量消費レシピが人気になっています。また、じゃこなどの小魚や、ごま油、にんにくなどと一緒に炒めたり和えたりすると、ピーマンの苦味がほかの食材の旨味と重なって、おいしいおかずが作れます。

20

ゴボウ

Burdock

食物繊維やイヌリンの力で腸に優しい作用をもたらす

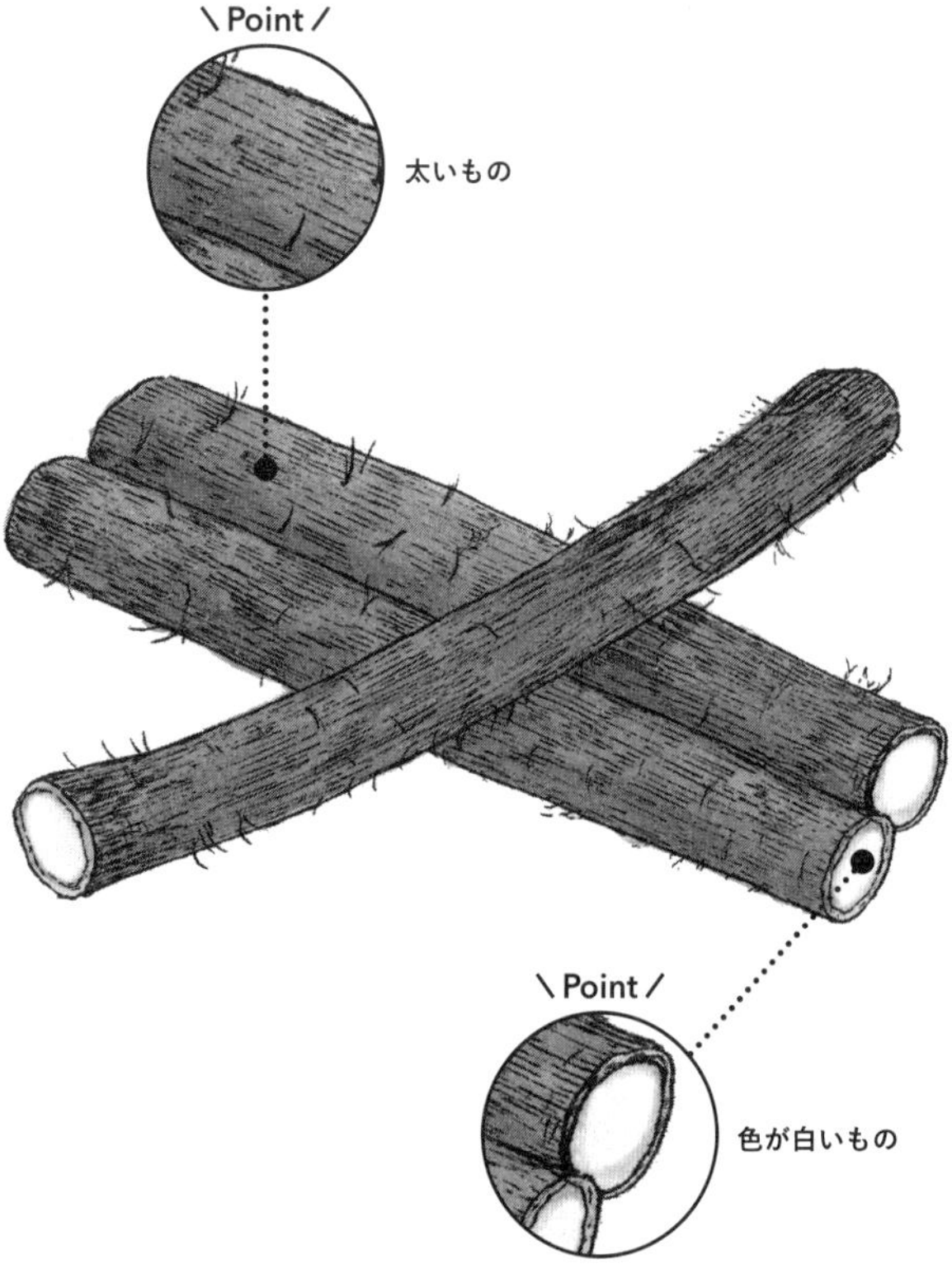

基本データ

［和名］ゴボウ

［英名］burdock, edible burdock, greater burdock,
begger's buttons

［科・属］キク科ゴボウ属　［原産地］ユーラシア大陸北部

［旬］9～10月

ゴボウを日常的に食べていたのは日本だけ

ゴボウは、レタスと同じキク科の野菜です。レタスを引き抜くと、ゴボウとよく似た根っこが付いています。

また、ゴボウは古くから中国やヨーロッパで薬として栽培されていたようですが、日常的に食用として食べていたのは日本だけだといわれています。

生産量が最も多い青森県のほか、北海道や茨城県、鹿児島県、熊本県、宮崎県が主な産地です。青森県の場合、収穫時期は8～11月です。

その間に掘りきれなかったものは、越冬して翌年1～5月に収穫します。売り場には、ほぼ1年中並びますが、9～10月に旬を迎えます。

12月から出回る「新ゴボウ」は、通常のゴボウとは品種が異なります。アクが少なくて、柔らかいのでサラダに用いることもできます。

一方で、ゴボウは貯蔵の期間が長くなればなるだけ中身の質量が失われていきます。時期としては3～4月に売られるゴボウが、それにあたります。

ゴボウはとても腸にいい

ゴボウの最大の魅力は、なんといっても「腸にいい」ということです。

ゴボウには食物繊維がとても多く、水溶性食物繊維と不溶性食物繊維の両方を兼ね備えているので、便秘の解消に大きく貢献します。また、腸内をきれいに掃除する機能があり、発がん性物質を体の外へ出してくれるといわれています。

さらに、ビフィズス菌の働きを促進して整腸作用をもたらすイヌリンも豊富に含まれているので、腸にとって何重にもメリットがある野菜なのです。

太いゴボウは柔らかい

私の店で仕入れているのは、北海道・十勝産の直径３㎝以上もある太いゴボウです。あまりにも太いので、食感がかたいように思われがちですが、まったく逆です。

多くの方は、ゴボウは細いものだと思っていたので、販売を始めた頃はまったく売れませんでした。それでも諦めずに売り続けたら、最近ではコンスタントに売れる商品になりました。きっと、お客様もようやくおいしさに気づいてくれたのだと思います。

アスパラガスと同様に、ゴボウも繊維質の量は太さとは関係ありません。太いゴボウは、水分量が多いため柔らかいのです。

そして、アクも少なく、甘味も感じるのは、生産者がこだわった土づくりの賜物だと思います。

おいしいゴボウの選び方

ゴボウは、土が付いた状態で売られていることが多いです。土が乾燥していないものや、しなびていないもの、手に持ったときに重量感があるものを選んでください。

洗ったときに土がよく落ちるゴボウは、鮮度が高いです。また、土の柔らかい場所で作られたゴボウは、地下で根をよく伸ばして養分を蓄えられるので、おいしくなります。

また、色や弾力も重要です。土の中に不純物などが入っていると、黄色っぽくなります。これがえぐ味につながります。土が付いているので見分けにくいかもしれませんが、できるだけ白いものがおすすめです。曲げて折れないゴボウは水分量が少ないことが考えられるので、避けたほうがよいです。

おいしいゴボウの食べ方

太いゴボウは、定番のきんぴらや筑前煮にするのがおすすめです。そのほか、油との相性も良いので、フリッターや天ぷらにすると甘味や風味が引き出されて、とてもおいしく食べられます。

また、にんじんなどと一緒にマヨネーズで和えてサラダにしたり、余ったきんぴらとひき肉を使いつくねを作ったりしてもよいと思います。

21

筍

Bamboo shoot

筍のおいしさは土で決まる！一級品は穂先が黄色

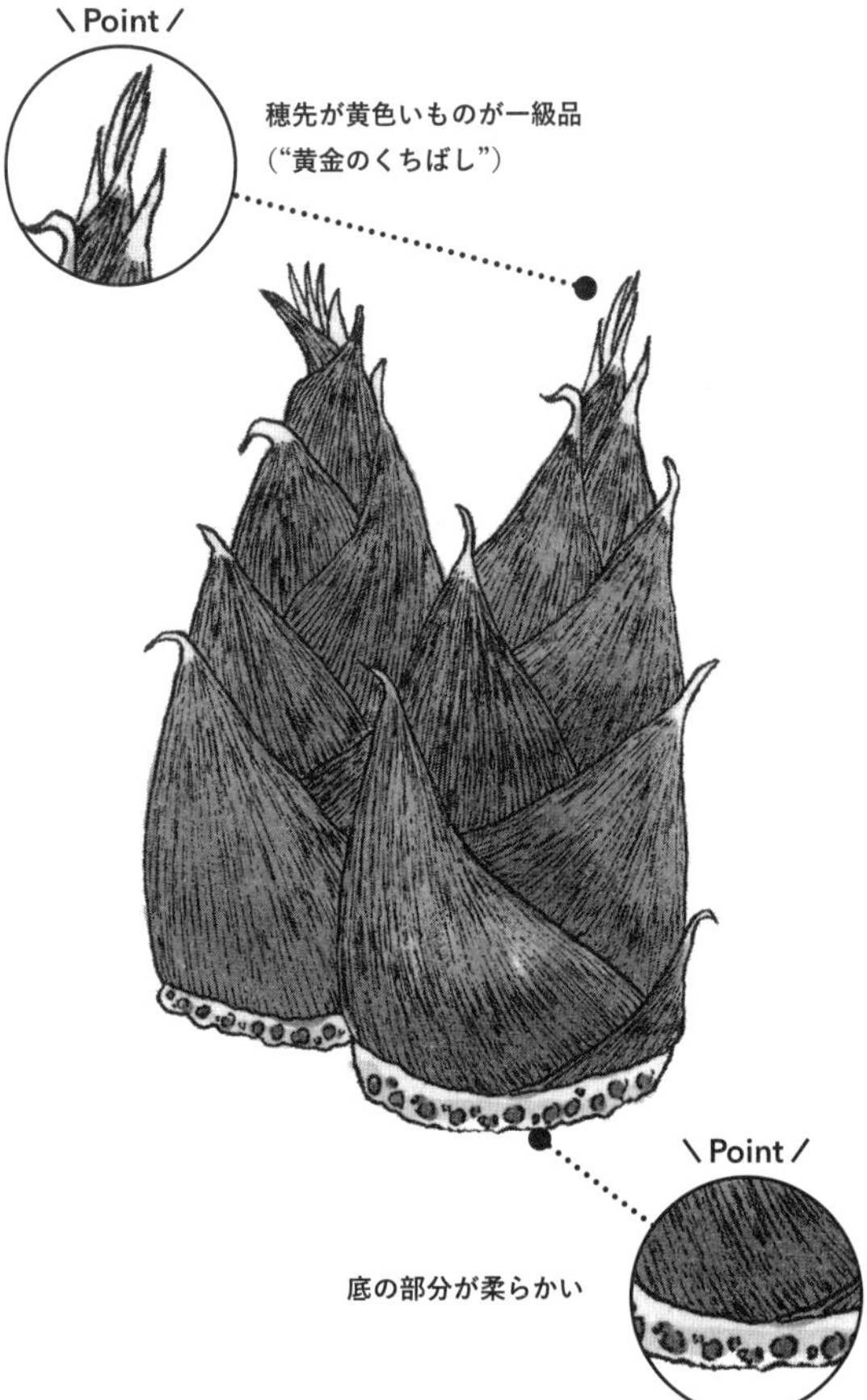

基本データ

［和名］筍、竹の子　［英名］bamboo shoot

［科・属］イネ科マダケ属（孟宗竹）［原産地］西南アジア、インド

［旬］3月中旬～5月

筍の旬は短い

竹冠に旬と書く筍は、まさに旬を感じる野菜の一つです。売り場には、3月上旬から5月上旬くらいの間しか並びません。なかでも、3月の最終週に採れた筍は絶品です。

シーズンの短い筍には、トウモロコシのような甘味とほろ苦さがあります。

畑で栽培される野菜と違って、竹やぶから何本出るのか、収穫予測ができない商品でもあります。

筍は、「豊作の表年と不作の裏年がある」といわれ、隔年でおいしい筍が採れます。筍が出る1カ月くらい前の2月頃に竹の上のほうの色が黄色いと裏年で、青々していると表年といわれています。

「黄金のくちばし」が一級品

私は筍採りに同行したことがありますが、目で見ても、そこに筍があるかは分かりません。そもそも、筍は土から穂先が出てしまったら、価値が半減してしまうのです。

筍採りの達人は、足で踏んだときに筍の存在を感じるようです。土に埋まっている筍の穂先は黄色く、〝黄金のくちばし〟と呼ばれます。それが一級品の印です。黄色いことが評価される数少ない野菜なのです。

土質がおいしさを決める

筍のおいしさを決めるのは、土質です。土の中に余分な要素が入っていると、白くならずに黄色くなってしまうのです。一方、良い土質で育った筍は、きれいな白色をしています。「白子筍」と呼ばれるブランド筍の場合は、白ければ白いほど価値は高くなります。

赤土で粘土質の山で採れた筍が最もおいしいといわれています。実際、筍の産地である三重県桑名市は赤土で粘土質の山が多くあります。全国的には京都府や福岡県、岡山県が有名な産地として挙げられます。

おいしい筍の選び方

筍の成長するスピードがはやいのは、一つひとつの細胞が大きいからです。粘土質の土がそのスピードを抑え込むことで、細胞が小さくなり、食感が柔らかくなるのです。触ったときに底の部分が柔らかいものを選んでください。

筍は大量の水分を含んでいるので、劣化するのも相当はやいです。切り口を見て、鮮度の良いものを選ぶのも重要です。

筍の栄養

筍にはカリウムが豊富に含まれていて、体内の塩分を排出してくれるので、高血圧やむくみなどの予防になります。

　また、筍を茹でたときに出てくるアクはチロシンというアミノ酸で、旨味成分の一つでもあります。チロシンは脳や神経の働きを助ける栄養で、脳の活性化や集中力向上に効果があると考えられています。ほかにも、グルタミン酸やアスパラギン酸といった旨味成分を含んでいます。筍は旨味成分が多いので、旬に食べるととてもおいしいのです。

　食物繊維がとても豊富なのも、筍の長所で、便秘の解消など、腸の機能改善にも役立ちます。

　ただ、筍にはアクが多いので、食べ過ぎると肌荒れや体調不良の原因になることがあります。

おいしい筍の食べ方

　筍ごはんや、煮物、焼き筍がおいしいです。筍は、米ぬかと唐辛子を使ってアク抜きをするのが一般的ですが、手間が掛かって大変なときには、お米のとぎ汁などで代用できます。

　アク抜きを済ませた筍は、密閉容器に水を入れた中に浸しておけば、冷蔵庫で数日保存できます。一度にまとめてアク抜きをして保存しておけば、手軽にいろいろな料理に使えて便利です。

　もしも、アクが残った状態で保存するという場合は、米ぬかと唐辛子を入れた汁に浸けて保存することで、多少はアクが和らいだように感じるはずです。

22

柿

Persimmon

高級品種も多い果物
驚きの値がついたものも

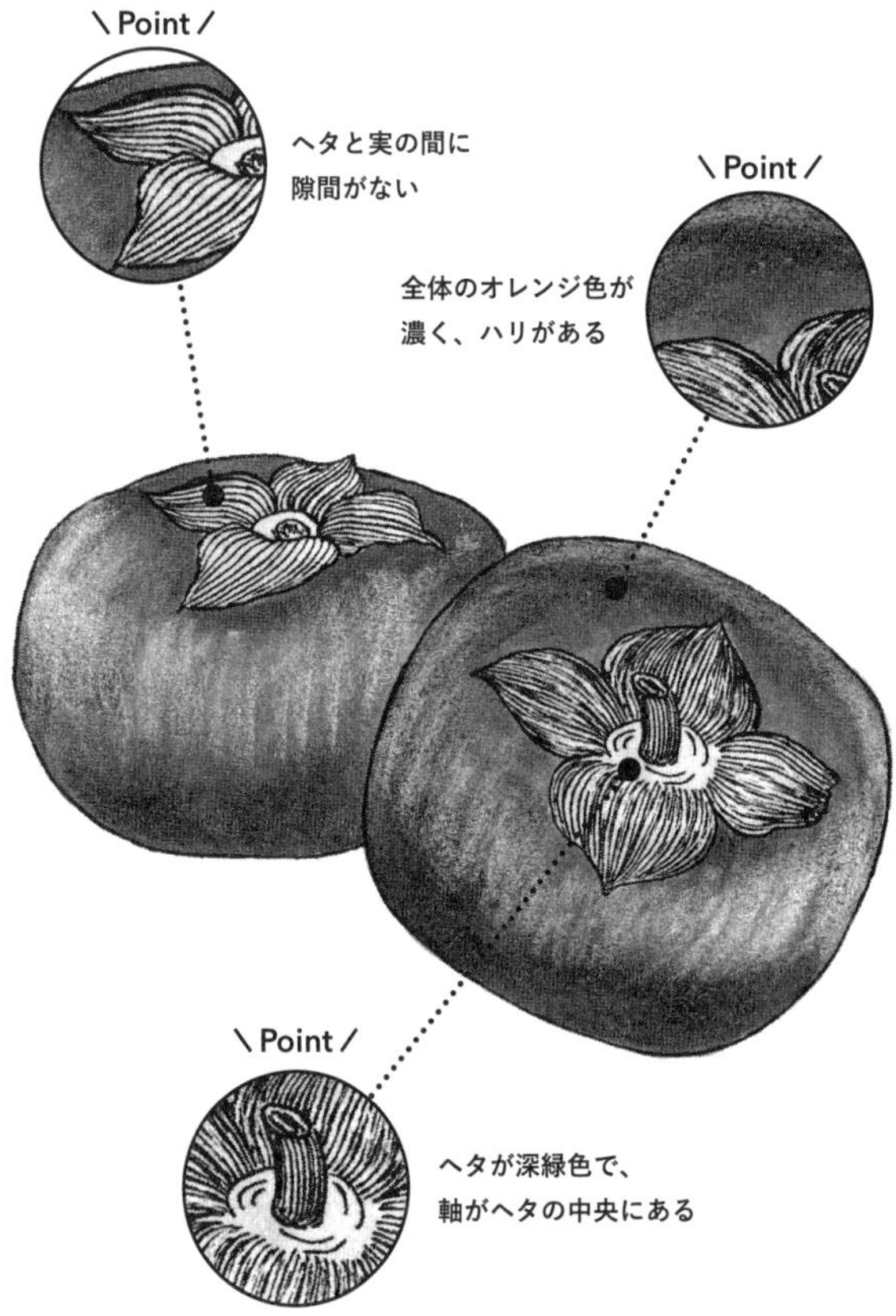

基本データ

［和名］柿　［英名］persimmon

［科・属］カキノキ科カキノキ属

［原産地］不明（中国や日本など諸説あり）

［旬］11 月中旬～下旬

岐阜は柿の一大産地

秋を代表する果物といえば、柿です。地域によってさまざまな品種があり、それぞれ食感や甘味、見た目が異なります。

なかには糖度が20度を超える品種もありますが、私が重視しているのは、食感です。柔らか過ぎず、かた過ぎず、ややぬめりのある柿はおいしいと思います。

私の店がある岐阜県は、柿の一大産地でもあり、甘柿を代表する「富有柿」の発祥の地として有名です。

富有柿は、形はふっくらと丸みがあり、果肉は柔らかくて、甘味が強いのが特徴です。10月上旬から12月上旬に出回りますが、いちばんおいしいのは、11月半ばから下旬までの晩秋です。年明け以降も、冷蔵貯蔵されたものが2月末くらいまで販売されます。

岐阜県農業技術センターが２０１６年に発表した新品種・天下富舞は、２０２０年の初取引で86万４０００円（2個）の値がつきました。お祝いや景気づけの意味を込めたご祝儀価格ですが、柿のなかでは1個何千円もする高級品種も珍しくはありません。

甘い「渋柿」が売られている

柿は、甘柿と渋柿に大別されます。さらに、甘柿は「完全甘柿」と「不完全甘柿」、渋柿は「完全渋柿」と「不完全渋柿」に分けられます。完全甘柿以外は、アルコールや炭酸ガスを用いて渋抜きをしてから出荷されます。

市場に出回っている柿の半数以上は、渋柿です。最近では、抜きにくいといわれていた渋を抜く技術が確立されたことで、より糖度の高い品種が開発されています。

柿はとても栄養豊富

柿のことわざに「柿が赤くなれば医者が青くなる」という言葉があります。柿が出回る時期には医者の出番が減るという意味で、柿が栄養豊富であることを表現しています。

柿にはみかんの2倍のビタミンCが含まれており、体の老化防止、美容に効果があります。また、同じく柿に含まれるβ-カロテンはビタミンCと一緒に摂取することで、体の免疫力を高める効果があります。

そのほかにも、食物繊維がとても豊富なほか、柿の渋みの元となるシブオールなどの成分にはアルコールの吸収を妨げる働きがあり、お酒と一緒に食べると二日酔い防止に効果的です。一方で、エネルギー量が大きく、一つでおにぎり半分ほどのカロリーがあるのも特徴です。

大きくて重い柿がおいしい

おいしい柿を選ぶには、ほかの果物と同様に、大きくてずっしりと重いものがよいです。小さい柿とは味がまったく違います。その分、価格も5倍以上、場合によっては10倍以上になることもあります。

柿は色も重要です。黄緑色が残っているものではなく、果実全体にしっかりと色がまわっているものがおすすめです。

表面に細かく白い粉のようなものが付いているのは、ぶどうなどのフルーツと同じ「ブルーム」という現象で、新鮮な証拠です。

また、ヘタと果実の間に隙間があるものは、生育過程になんらかのトラブルがあったものだと考えられますので、ヘタがぴったりとくっついているものを選んでください。

柿のおいしい食べ方

果物としてデザートやおやつに食べるだけでなく、料理の材料にも使えます。

手軽なデザートとしては、柿を丸ごとラップにくるんで冷凍庫で凍らせると、シャーベットのようになっておいしく食べられます。

また、料理としては白和え、炒め物やスープ、天ぷらにしてもおいしいほか、肉料理や魚の刺身などに合わせるソースの材料にもなります。

23

ブロッコリー

Broccoli

栄養豊富な野菜界の優等生！
ダイエット食材としても活躍

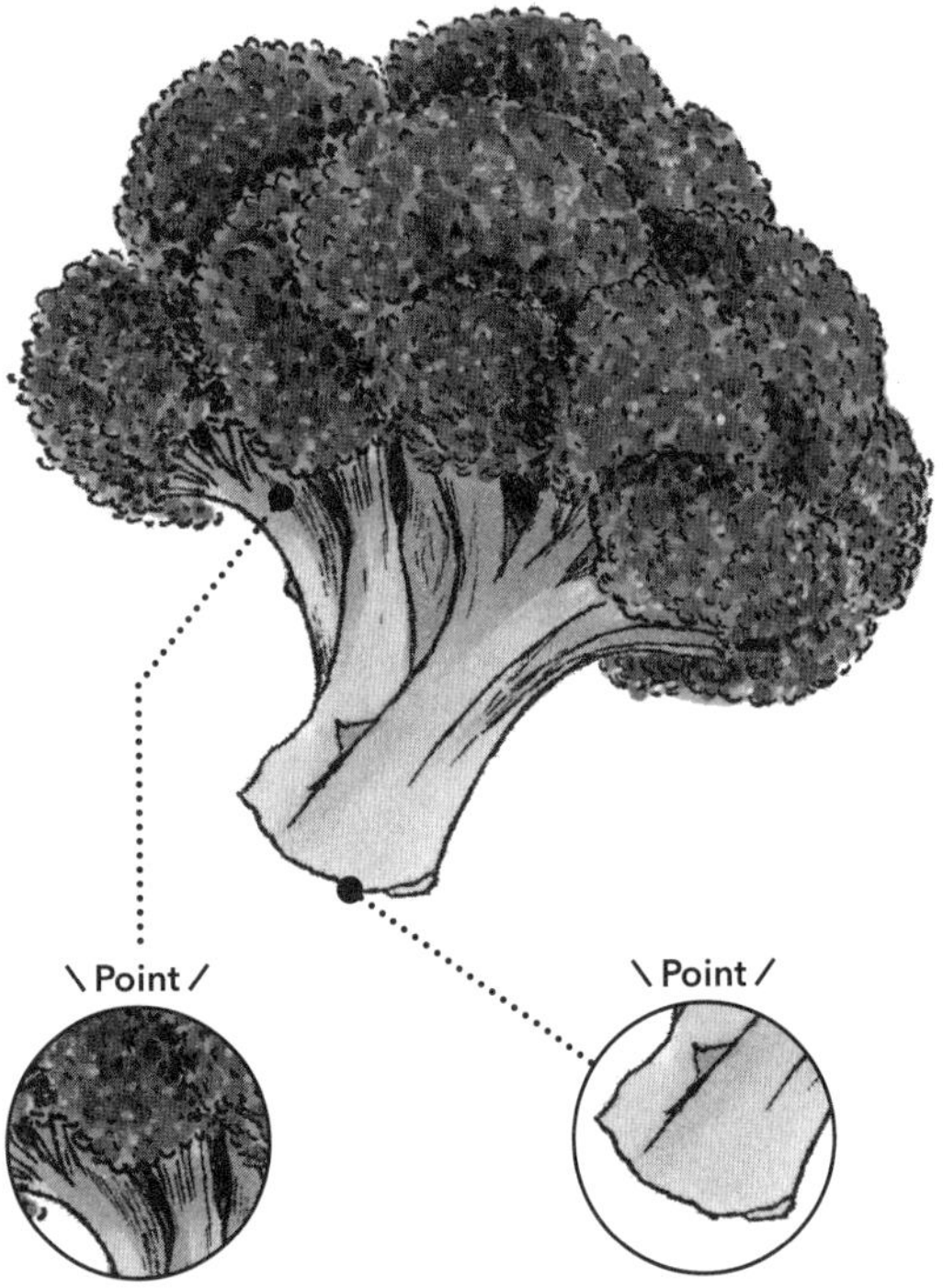

基本データ

［和名］メハナヤサイ（芽花椰菜、芽花野菜）［英名］broccoli

［科・属］アブラナ科アブラナ属　［原産地］地中海沿岸

［旬］11～1月

ブロッコリーは高栄養・低カロリー

ブロッコリーは、とても栄養価の高い、野菜の優等生です。特にビタミンCとカロテンの量がキャベツの2倍と高く、免疫力を高めてくれます。

ほかにも、タンパク質やビタミンE、葉酸、カリウムなど数多くの栄養素が含まれています。しかも、低カロリーなので、ダイエット食としても注目されています。

また、目の病気を予防・改善させるルテインや、インスリンの働きを高めて糖尿病を防ぐ効果のあるクロムも含まれています。

病気の予防になる栄養素の多い、健康に良い野菜です。

ブロッコリーに含まれる栄養のなかでも特に、スルフォラファンという物質が注目されています。高い抗酸化作用があるので、老化防止の効果が期待できるほか、がんの予防にもなるといわれています。

このスルフォラファンは熱を加えると壊れてしまうので、ブロッコリーの芽である「ブロッコリースプラウト」を生で食べるのがおすすめです。

ブロッコリーはカリフラワーから生まれた

ブロッコリーの生産者の多くは、もともとカリフラワーを栽培していました。カリフラワーは、色を白くするために伸びてきた葉を紐で縛らなくてはならず、手間も時間も掛かるので、ブロッコリーを作ったところ、大ヒットとなったのです。

おいしいブロッコリーの食べ方

茹でるだけでおいしく食べられるという手軽さから、お弁当のおかずの一品に使う方も多いです。味付けは定番のマヨネーズのほか、ごま油と塩昆布で和えてもおいしく食べられます。

ブロッコリーに多く含まれるビタミンCは、水に溶けやすい特性があります。ブロッコリーを茹でるときは、鍋いっぱいの湯ではなく、１００㎖程度のお湯で蒸し茹でするか、電子レンジで加熱するのがおすすめです。

ちなみに茎は、薄切りにして茹でたり、細切りにしてきんぴらにしたりしてもおいしく食べられます。捨てる部分が少ないのもブロッコリーの魅力です。

ブロッコリーの旬は冬

ブロッコリーは、11〜１月に旬を迎える冬野菜です。１年中売り場に並びますが、夏場は主に長野県や北海道で収穫されたものになります。

暖冬にできたブロッコリーは、大きく育ちますが、味も大味になります。また、春に種をまき夏に収穫されるブロッコリーのなかには、害虫対策として農薬を大量に使用しているものもあるので、注意してください。

紫色のブロッコリーはおいしい

鮮度の良いブロッコリーは、緑色で、丸みを帯びていて、触るとかたいです。

ブロッコリーを食べるとき、私たちは、主に花蕾《からい》と呼ばれる花のつぼみを食べています。花蕾が黄色くなっているものや隙間が空いているものは、劣化のサインです。劣化するとガスも発生します。異臭がするものも避けてください。

また、茎を見ると、成長の度合いを確認できます。肥大化しているものや、手で持って重たいもの、下から見て、茎の真ん中に穴が空いているものは明らかに成長し過ぎです。

時折、ブロッコリーのなかに紫色がかかったものを見つけるときがあります。悪くなっているのかと思うかもしれませんが、これはむしろチャンスです。紫のブロッコリーは、甘味があっておすすめです。

紫色の理由はアントシアニンというポリフェノールの一種で、旨味成分の一つなのです。茹でると色が落ちてきれいな緑色になるので、安心して食べることができます。

24

大葉

Green perilla

薬味にもメインにもなる！使い勝手の良さが魅力

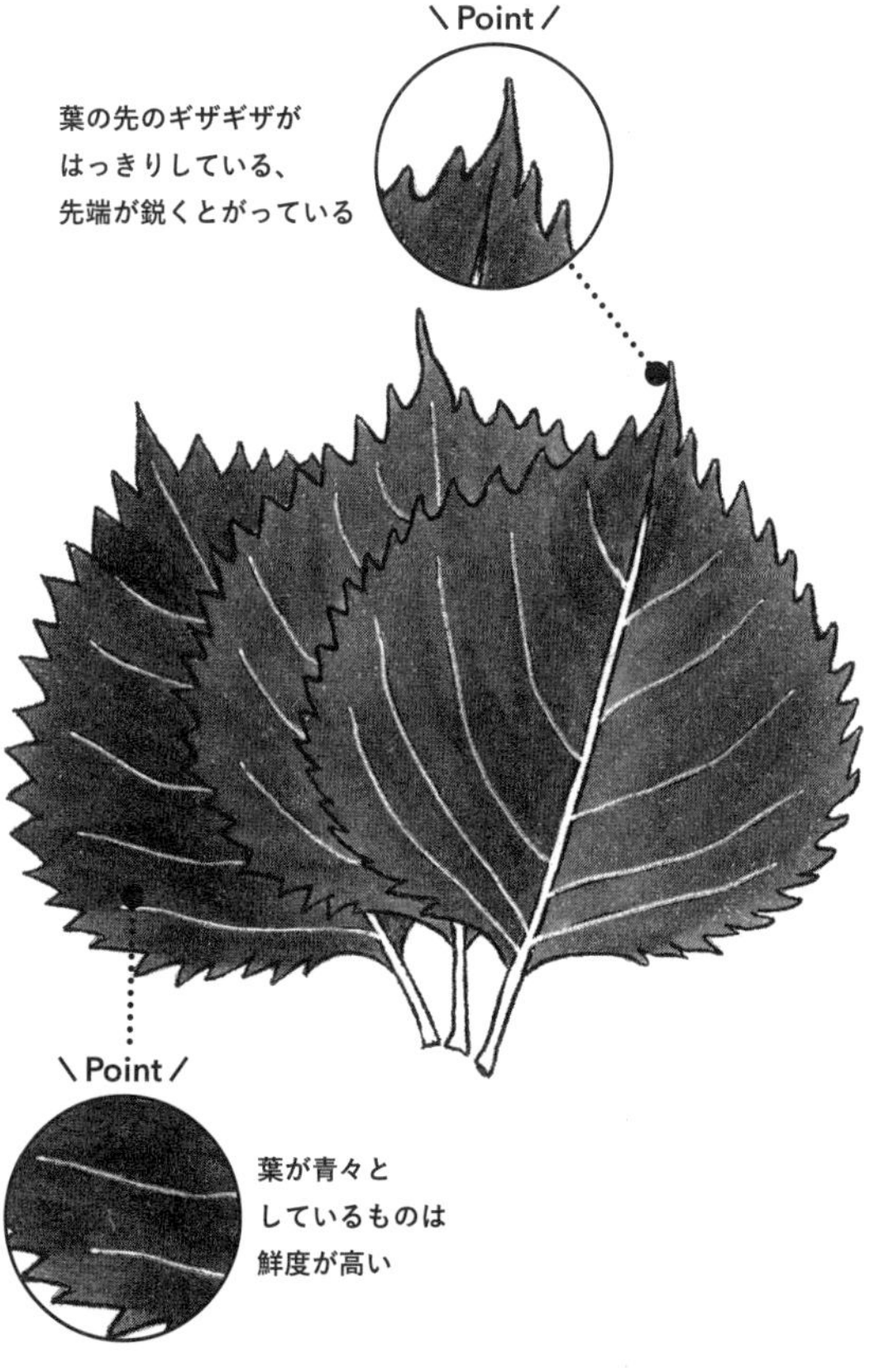

基本データ

［和名］青紫蘇　［英名］green perilla

［科・属］シソ科シソ属　［原産地］中国〜ヒマラヤ

［旬］7〜8月

青紫蘇の若葉が「大葉」

大葉は、青紫蘇の若葉を摘んだものです。赤紫蘇と同様に殺菌作用があることから、大葉は、主に刺身に添えられる「ツマ」として使われていました。

紫蘇には、蟹を食べて食中毒を起こして死にかけた若者に赤紫蘇を煎じて飲ませたところ回復したという言い伝えがあります。紫蘇という名前も「紫の蘇る草」から名付けられたそうです。

大葉の旬は、真夏の7～8月です。醤油漬けや浅漬けにすればごはんが進むので、殺菌効果や免疫力アップはもちろんのこと、食欲の失せがちな季節を乗り越えることができます。

また、大葉を味付け海苔とともに刻んで、炊きたてのご飯に混ぜて、海鮮丼や漬け丼のベースにしてもおいしく食べられます。

大葉の栄養

大葉が食欲を改善させるのには、大葉の香りに胃液の分泌を促進する力があるためです。

また、大葉にはカロテンがたくさん含まれていて、動脈硬化やがんの予防も期待できます。

同様にα-リノレン酸も豊富で、アレルギーの改善に効果があるとされます。

ビタミンCや鉄分も含まれているので、

体の若々しさや持久力にもいい効果があります。

20g販売が一般的

30～40年前には、大葉は今のようにビニール袋にパッキングされず、10枚ずつ輪ゴムで止めた状態でそのまま売られていました。そこへ店員が霧吹きで水をかけて鮮度の良さをＰＲしていました。

やがて、鮮度管理の手間が掛からないようにするため、店頭には1束ずつ個別包装されたものが並ぶようになりました。大葉を食材として使用するレシピが増えるにつれて、20g（約20枚）入りの袋も登場しました。

薬味だけじゃなく、料理のメイン食材に

大葉の国内生産量の約8割は、愛知県が占めていて、生産者からもさまざまなレシピの提案があります。薬味だけではなく、食材としての大葉へと人々の認識が変わったのは、彼らの地道な努力があったからだと思います。

最近では、薬味や料理の彩りだけでなく、食材として料理に用いられることが多くなりました。実際、ｗｅｂサイトなどでは、大葉を使った数多くのレシピが公開されています。

そのまま天ぷらにしたり、揚げ物に挟んだりしてもおいしいですが、大葉の清

涼感と香りを楽しむには、やはり生が一番だと思います。

氷水にさっと通してから、そのまま生で大葉を食べると、香りだけでなくシャキシャキとした食感も楽しむことができます。また、山芋に生の大葉を巻いたり、和えたりして食べてもおいしいです。

大葉をごま油やしょうゆ、おろしにんにくなどと和えて1時間ほどおいておくと、ごはんのおともに最適の大葉漬けができます。また新鮮な大葉を千切りにして、湿らせたキッチンペーパーを入れた密閉容器で保存すれば、いつでも使える薬味になります。

おいしい大葉は美しい

大葉のなかで、葉の表面に黒い点があるものや、切り口が黒っぽくなっているものは、収穫から日数が経っているものだと考えられます。葉が青々としているものや切り口がきれいなものを選んでください。

葉がぺたっとしおれていないもので、葉の切れ込みが深いものも新鮮でおいしい証拠です。

店頭で水に浸されている大葉は、一見新鮮そうに思えても、実は劣化しやすいです。買ったらすぐに食べるのがおすすめです。

25

きゅうり

Cucumber

夏場に食べたくなるきゅうり
ほぼ水分だが栄養もある

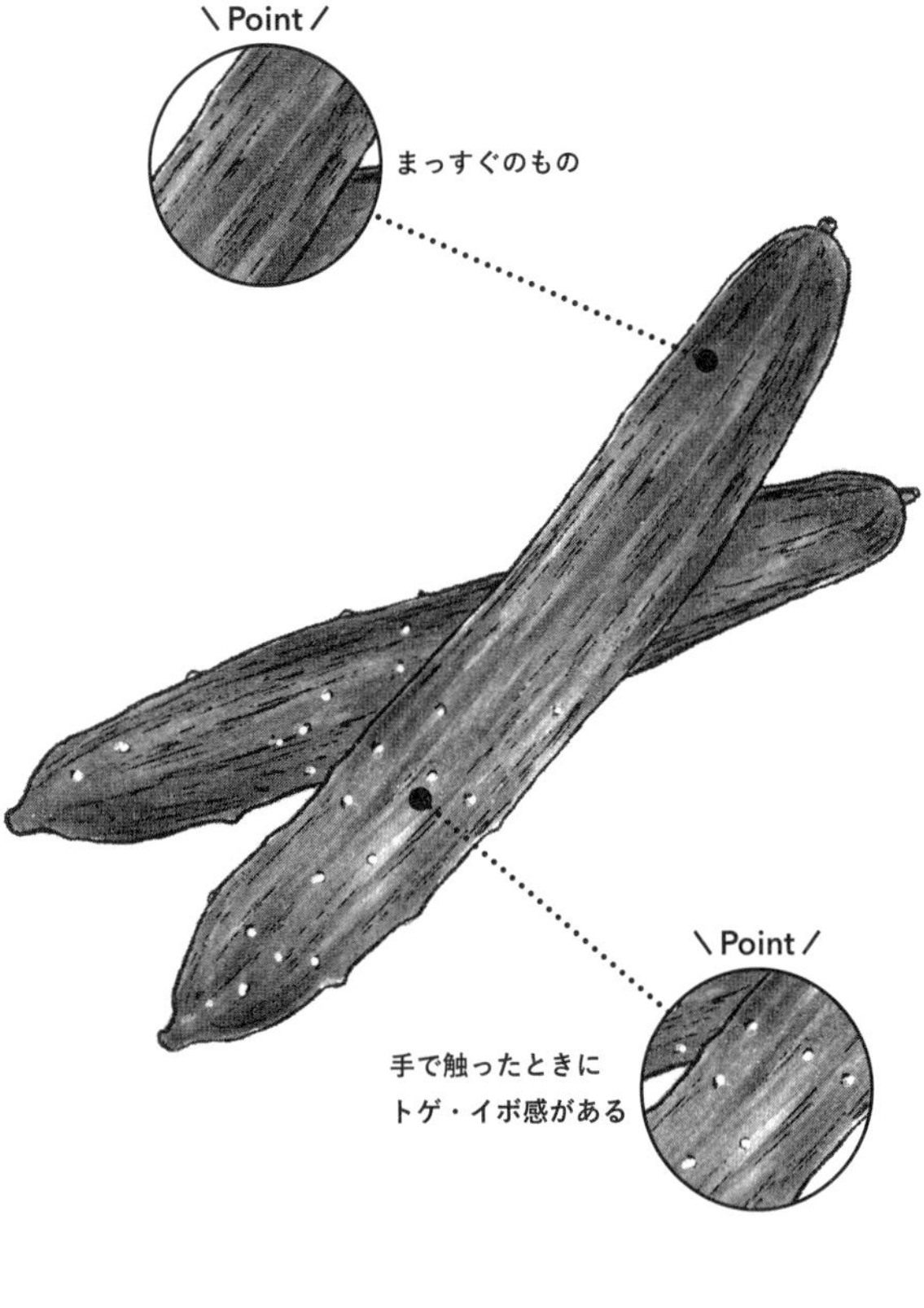

基本データ
［和名］胡瓜　［英名］cucumber
［科・属］ウリ科キュウリ属　［原産地］インド、ヒマラヤ山麓
［旬］6～9月

きゅうりは香りと触感が強み

夏野菜を代表するきゅうりは、96％が水分なので、ほぼカロリーはありません。しかし、私の店では常に売上の上位に入っています。

きゅうりは、味というよりも、香りや食感を楽しむ野菜だと思います。その風味と食感とみずみずしさにさわやかさを感じる、夏の風物詩の一つです。

きゅうりの薬効

カロリーが低いきゅうりでも、栄養は含まれています。薬膳としての効能から、非常に優れた野菜であることが分かります。

例えば、夏祭りや縁日などで冷やしきゅうりを食べると涼しく感じるのは、きゅうりに体温を下げる効果があるからです。きゅうりに多く含まれている水分を摂取することで、体温が下がります。

また、冷やしきゅうりは浅漬けなので、汗をかいて失われた塩分を補給することもでき、きゅうりの賢い食べ方の一つといえます。

ほかにも、体内から塩分を排出してむくみや血圧上昇を予防できるカリウムや、美肌や免疫力アップに効果があるビタミンCが含まれています。

特に、脂肪分解作用があるホスホリパー

ゼという酵素をもつことから、ダイエット食にも向いています。老廃物を体外に排出する力をもつイソクエルシトリンというポリフェノールも含まれているといわれています。

暑さで体力が失われがちな夏にきゅうりが無性に食べたくなるのは、無意識のうちにきゅうりの薬効を求めているからです。

「黒イボ系」と「白イボ系」

きゅうりの品種は、表面にあるトゲ（イボ）が黒っぽい「黒イボ系」と、白っぽい「白イボ系」の2種類に大別できます。

黒イボ系は、山形県の勘次郎きゅうりや大阪府の毛馬きゅうりなど地方の伝統野菜にまれに見られる程度で、スーパーで売られているきゅうりのほとんどが白イボ系です。

黒イボ系と比べて日もちはしますが、きゅうりはもともと劣化がはやい野菜なので、地元または近隣の産地のものを選ぶのがおすすめです。

青臭さのない「ブルームレスきゅうり」

現在、主流になっているのは、保護粘膜であるブルームと呼ばれる白い粉が付いていないブルームレスきゅうりです。特有の青臭さを抑えて食べやすく品種改良されたものです。

逆に、皮が柔らかくて香りの強いきゅ

うりが食べたい場合は、ブルームきゅうりを選ぶとよいです。

まっすぐなきゅうりがおいしい

つやとハリがあって、太過ぎず、まっすぐで、手で持ったときに弾力と質感を感じるものがおすすめです。イボがかたく、ピンと張っているのは、水分を多く含んで新鮮な状態である証拠です。また、下の部分に花が残っているのも、新鮮さの表れです。

ヘタの近くの頭の部分がぶよぶよと柔らかいものは、古いので選ばないほうがよいです。曲がったきゅうりでも味は変わらないといわれますが、それは間違っています。日照時間が疎らだったり、カルシウムが不足していたりと、曲がるのにはなんらかの理由があるのです。まっすぐなきゅうりは生育環境が良いことを表しています。

きゅうりは鮮度が命なので、出荷から販売までの時間が短いほうがおいしく食べられます。なるべく地元のきゅうりを買うのがおすすめです。

おいしいきゅうりの食べ方

きゅうりは日が経つほどにどんどん鮮度が落ちておいしくなくなるので、基本的には買った日に食べるのがいちばんおいしいです。その日に食べきれないきゅうりは、漬物にするとよいです。ぬか漬けが難しければ、浅漬けでも大丈夫です。

26

ねぎ

Welsh onion

関東は白ねぎ、関西は青ねぎが人気
両者のいいとこ取りの中間種も

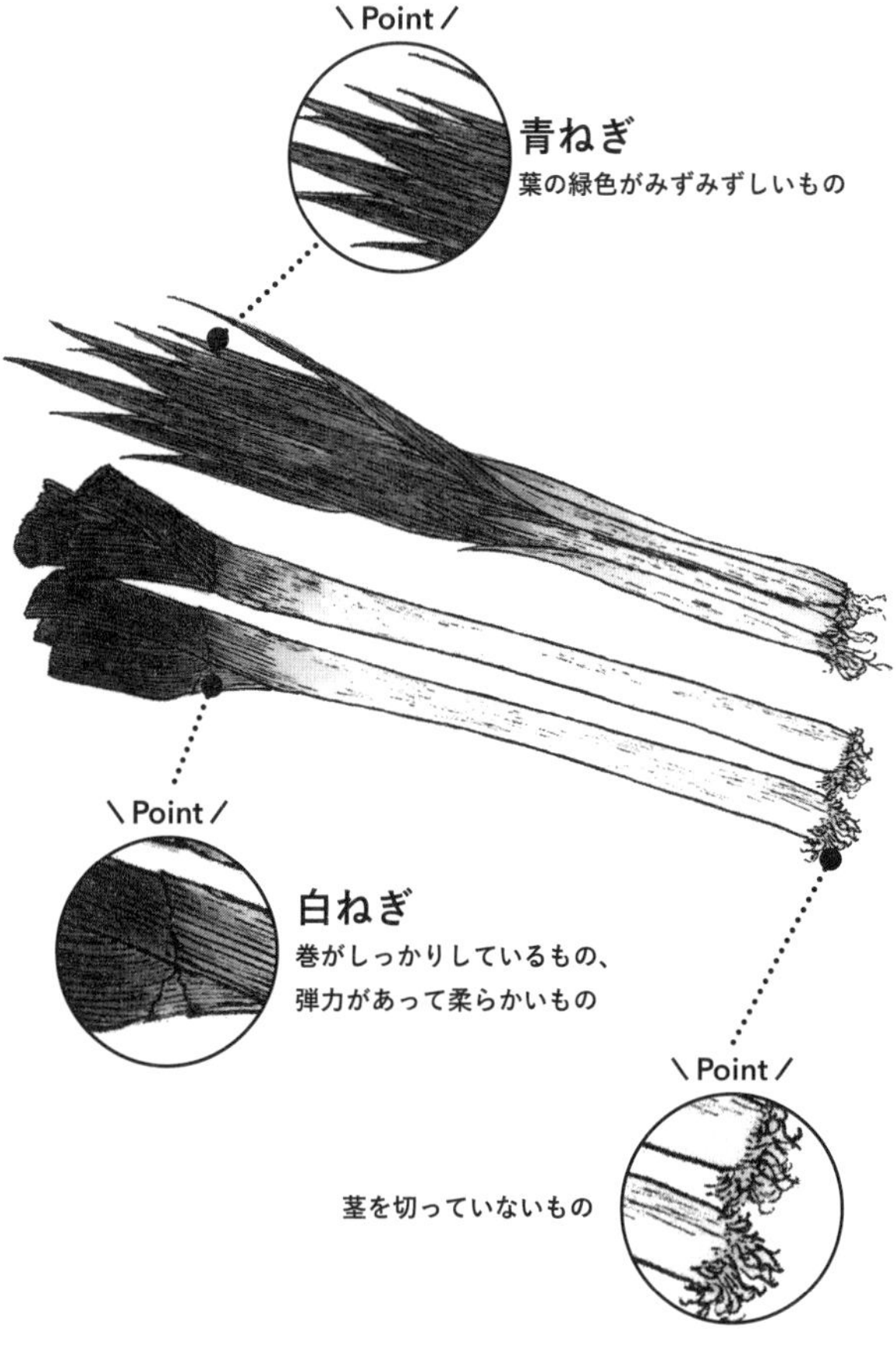

基本データ

［和名］ねぎ　［英名］welsh onion

［科・属］ヒガンバナ科ネギ属　［原産地］中国西部・中央アジア

［旬］11 ～ 2 月

地域で種類が違うねぎ

ねぎは、大きく分けて「白ねぎ」と「青ねぎ」の2種類があります。

白い部分を食べる白ねぎは、関東で好まれています。頭の部分（緑の部分）は緑黄色野菜、白い部分は淡色野菜です。火を通すと甘味が増すので、すき焼きや串焼きなどに用いられます。

一方、関西でねぎといえば、京都の九条ねぎなど青い部分を食べる青ねぎを指します。香り高く、主にお好み焼きやラーメン、うどんなどの薬味として使われます。

もちろん、青ねぎを鍋物に入れたり、白ねぎを薬味に使ったりすることもあります。

このように、ねぎは各地の食文化と密接な関係があります。例えば、ふぐ料理が有名な山口県や福岡県では、薬味に使われるねぎの栽培も盛んなのです。

いいとこどりの「越津ねぎ」

白ねぎと青ねぎのいいとこどりをした、中間種もあります。愛知県で生まれた越津ねぎです。加熱してもおいしい旨味と、薬味としての豊かな香りがあります。振動に弱く運搬しにくいのであまり見かけない幻のねぎといわれます。

ねぎは1年を通して売られていますが、旬を迎えるのは冬です。ちょうど風邪が流行りだす晩秋から2月頃までがおいしく食べられます。

ねぎは栄養満点

ねぎは人間の健康を支える、とても優秀な野菜です。

殺菌作用があり、風邪を引いたときに食べるのが昔から習慣になっていました。これには、ねぎの催涙成分である硫化アリルが関係しています。人の体内に入ると、消炎鎮痛剤と同じ機能を発揮して、痛みや発熱を和らげてくれるのです。ほかにも、食欲増進や消化促進、疲労回復、睡眠改善など、いいことづくしです。

ビタミンCによる風邪予防、シミやしわの抑止効果もあります。高血圧の予防になるカリウムや、抗酸化作用のあるカロテンなど、美容にも良い成分がたくさん含まれています。がんの予防に効果があるといわれるセレンも含まれています。硫化アリルは揮発性で、セレンは水に溶けやすいので、最大限栄養を取るためには、薬味として食べるときは、食べる直前に切ることと、水にさらし過ぎないことが肝心です。

白ねぎは生育期間が長いという特徴があり、収穫するまでに180日もかかります。越冬したねぎは甘味が増すものの、外皮がかたくなります。

白ねぎは、白い部分の長さと太さを出すために、根気強く何度も土をかぶせて育てられます。土から下が白い部分、土から上が緑の部分になるので、色のコントラストがはっきりしているねぎは、丁寧に育てられた証拠なのです。

おいしいねぎの選び方

スーパーなどでは、青ねぎは葉の緑色がきれいでみずみずしいもの、白ねぎは巻きがしっかりとしているものがおすすめです。しわが寄っているものや触ったときにふかふかしているものは味が良くありません。柔らかいものを選んでください。

ただし、下仁田ねぎの場合は、霜のせいで葉先が枯れているのが通常なので、葉先の状態にはこだわらなくても大丈夫です。

また、茎を切っていないねぎがあれば、それがおすすめです。切れているところから劣化して、身のハリが失われてしまうからです。茎が切られている場合は、切り口が新鮮なものを選んでください。

おいしいねぎの食べ方

ねぎの辛味成分、硫化アリルは、ビタミンB_1の吸収を促進させます。豚肉や赤身肉と串にさして焼くなど、一緒に食べると栄養素を体に取り入れやすくなります。

また、緑色の部分にもたくさん栄養が含まれているので、捨てずに食べるのがおすすめです。

白ねぎはなるべく早く食べきるのがおすすめです。冷蔵庫で保管するときは、緑の部分と白い部分の間で切り離して別々にするとうまく保存できます。青ねぎは、細かく刻んで保存容器に入れ、冷凍庫で凍らせておくと、いつでも手軽に使える薬味として保存できます。

27

らっきょう

Shallot

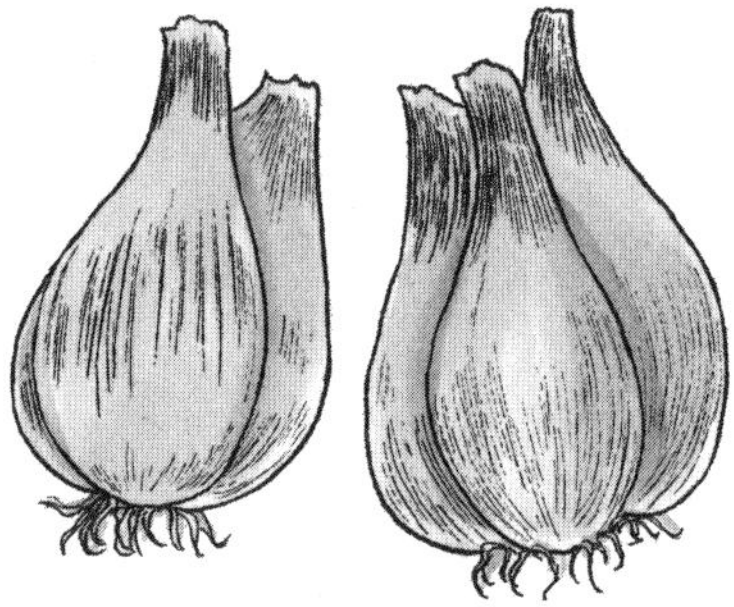

基本データ

［和名］おおにら　［英名］shallot

［科・属］ヒガンバナ科ネギ属

［原産地］中国

［旬］5〜7月

POINT

・緑っぽい部分がない

・先端から芽が出ていない

・球根が分かれているもの（分球）※根付きらっきょうのみ

歯ごたえを楽しむなら遅い時期のらっきょうがベスト

スーパーに出回る多くは「らくだ種」

らっきょうの醍醐味は、塩漬けや甘酢漬けにしたときの、パリッとした食感です。らっきょうに含まれる繊維が多いほど、食感は良くなります。

らっきょうは、歯ごたえのある食感が楽しめるらくだ種と、徳島県などで「玉らっきょう」という商品名で売られている小ぶりなたま種の2つに分類できます。スーパーなどで出回っているらっきょうの大半は、らくだ種になります。

らっきょうの産地は、徳島県や鹿児島

県、宮崎県、鳥取県などです。一般的に7月中旬に苗を植えて、翌年の5月に収穫します。スーパーの売り場には、ゴールデンウィーク頃に並び始めます。

収穫が遅いもののほうが歯ごたえが良い

生産者たちが自宅で漬けるらっきょうには、6月中旬以降に収穫したものしか使いません。生産者たちは、収穫の時期が遅ければ遅いほど、歯ごたえのあるおいしいらっきょう漬けができることを知っているからです。早採りしたらっきょうを漬けると、弾力がなくなりクタクタの食感になるので、パリッとした食感を楽しみたい方は、6月中旬以降に店頭に並ぶものを購入するようにしてください。

らっきょうが食べ頃の時期よりも早く出荷されるのは、消費者の「『新もの』を買いたい」というニーズに応えるためです。消費者のなかには、出たばかりの「新もの」がいちばんおいしいと考える人が多くいますが、すべての青果で「新もの」がおいしいとは限りません。

らっきょうのなかには「三年子らっきょう」という、苗を植えてから収穫するまでに、まる2年（足掛け3年）を費やしたらっきょうもあります。

値段はやや高いですが、味も食感も良くおすすめです。食材ごとに「旬」が来るのをじっと待つことも、食における楽しさの一つなのです。

28

Pak choi

チンゲン菜

ビタミンが多いチンゲン菜は生食がおすすめ

基本データ

［和名］タイサイ（体菜）
［英名］pak choi
［科・属］アブラナ科アブラナ属
［原産地］中国
［旬］9～12月

POINT

・切り口が白い
・下部の部分が丸みを帯びて肉厚
・葉っぱが淡い優しい緑色（完熟した状態）

選ぶ際は切り口や株を確認

チンゲン菜は、白菜と同じアブラナ科の緑黄色野菜です。炒め物や煮物、スープなどに、白菜の代わりに活用できます。ただ、熱を加えると、豊富なビタミンが壊れてしまうので、最近ではネットなどで生食のレシピがたくさん公開されています。

チンゲン菜を選ぶとき、まずは切り口に着目します。黄色っぽく変色しておらず、白い切り口であれば新鮮だといえます。株の部分は、丸みを帯びていて、肉厚のものを選んでください。そのなかでも隙間がなく、中心に向かってキュッと締まっているものがおすすめです。

葉はやさしい緑色のものが良い

いちばん重要なのは葉っぱの色です。チンゲン菜に限らず、葉物野菜は、味が濃いように見えるせいか、青々とした緑をしているものを選びがちです。

しかし、実は濃い緑色のものすべてが良いというわけではありません。濃い色は旨味成分であるアミノ酸が形成される前の、窒素化合物が多い状態なのです。

この窒素化合物は、アミノ酸を作るために必要なものですが、「えぐ味」の原因にもなります。成熟した状態の葉っぱは、淡くて優しい緑色になります。

チンゲン菜はハウス栽培が主流で、季節を問わず売り場に並びます。特に、冬は葉が柔らかくなりおいしいです。ただ、ハウス栽培のチンゲン菜は、生育のステージに合わせて肥料を細かく変えられないため、窒素化合物が残留しやすいというデメリットもあります。

5~11月は、高冷地である長野県などで露地栽培されたチンゲン菜が店頭に並びます。平坦地のチンゲン菜は、4月に花が咲くので、その直前の1月、2月になると、体内に栄養をたっぷりと蓄えるのです。濃厚な味わいのチンゲン菜を楽しんでください。

29

ほうれん草

Spinach

主流は露地栽培
寒地で育つと甘味が強まる

基本データ

［和名］ほうれん草

［英名］spinach

［科・属］アカザ科 ホウレンソウ属

［原産地］イラン

［旬］11～1月

POINT

・シャキッとしている

・淡い色のもの

・根元の赤みが濃いものは甘味が強い（品種によって赤みの出ないものもある）

露地栽培が主流で旬は冬

定番のおひたしやビビンバ、ナムルに用いるほうれん草には、中国や日本を中心に広がった東洋種と、ヨーロッパで品種改良された西洋種があります。東洋種は、根っこがピンク色で、葉が花のように開いて育ちます。一方、西洋種は、葉が縦に生えて成長していきます。東洋種よりも育てやすく、西洋種がメインになりつつあります。

ほうれん草は、露地栽培がメインであるため、夏場はあまり出回りません。売り場には秋から春先にかけて並びますが、旬は冬です。

栄養価が高い「ちぢみほうれん草」

冬のほうれん草は、北海道や東北以外、全国で栽培されています。福岡県や徳島県、千葉県、茨城県などが主な産地で10～3月末まで出荷されます。

寒いところでじっくりと育てられたほうれん草は、「ちぢみほうれん草」または「寒じめほうれん草」と呼ばれていて、縮んだ肉厚な葉が特徴です。冬に凍るのを防ぐため、水分を減らして糖分を蓄えているので、そのような形になるのです。

ちぢみほうれん草は、甘味が強くて、えぐ味も少ないのが特徴です。栄養価も高く、特にビタミンCの含有量は、夏のほうれん草の3倍といわれています。

夏のほうれん草は、標高７００メートル以上の高冷地で栽培されます。主な産地は、岐阜県や長野県、北海道、岩手県で、ゴールデンウィークから11月末まで出荷されます。

ほうれん草は、夏も冬も葉がシャキッとしていて、鮮度が良いものを選んでください。また、色も重要です。濃い緑色のほうれん草のほうがおいしそうに見えるので、つい、手に取ってしまう方も多いと思います。しかし、色が濃いほうれん草は、えぐ味が強いため、淡い色のものをおすすめします。

30

ジャガイモ

Potato

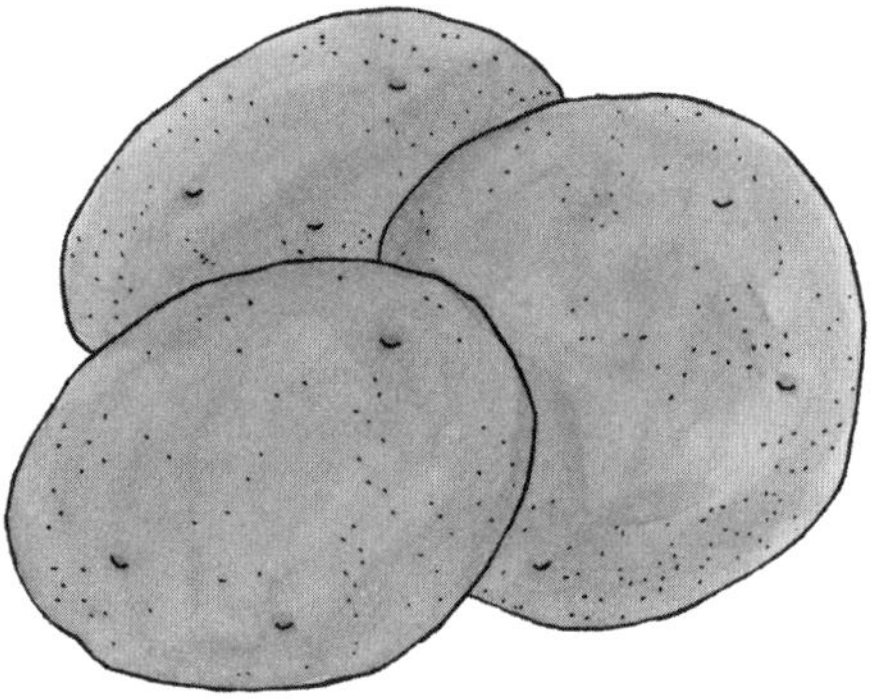

基本データ

［和名］ジャガイモ
［英名］potato
［科・属］ナス科ナス属
［原産地］南アメリカ・アンデス山脈
［旬］5～6月、10～2月

POINT

・ぎゅっと実が詰まっている
・重みがある
・皮が緑がかっていない
・凹凸が少ない

「男爵」「メークイン」以外にも！さまざまな品種が出回っている

品種ごとの味や食感を楽しむ

　肉じゃがやポテトサラダ、コロッケなど用途が幅広いジャガイモですが、多くのスーパーでは、「男爵」と「メークイン」が売られています。この2つの品種は、いずれも日本で長年にわたって親しまれているジャガイモです。男爵は、ホクホクとした食感と煮くずれしやすいのが特徴で、コロッケやポテトサラダなど、潰して作る料理に向いています。一方、メークインは、凸凹が少なくて調理がしやすく、煮くずれしにくいのが特徴です。肉じゃがなどの煮物や、カレーやシチューなどの煮込み料理に適しています。

近年では、甘味が強くて濃厚な味わいの「インカのめざめ」や皮が赤い色の「アンデス赤」、皮が赤紫色で、果肉はピンク色をした「ノーザンルビー」など、さまざまな品種が開発されています。

味や食感は品種ごとにそれぞれ異なるので、作る料理に合わせて使い分けるとよいです。

貯蔵されたジャガイモは甘味が増す

九州の離島、徳之島や沖永良部島あたりの産地から1月末から2月上旬にかけて出荷されるのが新ジャガイモです。産地を北上しながら5月末まで売り場に並びます。新ジャガイモは、水分が多くて柔らかく、香りが良いのが特徴です。皮も薄いので、皮ごと揚げてフライドポテトにするとおいしく食べられます。

日本国内におけるジャガイモの生産量の7割以上を担っているのが北海道です。7月下旬から10月末まで収穫され、その後は貯蔵されます。貯蔵期間は最長で6カ月です。でん粉が糖化して甘味が増していきます。

貯蔵されたジャガイモは、基本的にどれを選んでもおいしいですが、なかでも手に持ったときに重みがあって、細胞がギュッと詰まっているような質感が伝わってくるものを選ぶとよいです。

31

椎茸

Shiitake, Shiitake mushroom

基本データ

［和名］椎茸

［英名］shiitake, shiitake mushroom

［科・属］キシメジ科 シイタケ属

［原産地］不明（中国やアジア熱帯地域など諸説あり）

［旬］3～4月、9～10月

POINT

・触って弾力がある
・じくが太くて短い
・香り・味が良いのはカサが開いているもの。閉じているものは肉厚でジューシー

旬は春と秋の2回 じっくり育ったものほど旨味が強い

椎茸の旬は春と秋の2回

椎茸の栽培には、菌床栽培と原木栽培の2種類の方法があります。切り出した丸太に椎茸の菌を植え付けて栽培する原木栽培は、昔ながらの栽培法です。一方、おがくずにふすま（小麦の糠）などを混ぜてかため、そこに菌を入れるのが菌床栽培です。現在、国内生産の椎茸の9割近くが菌床栽培で作られています。

椎茸の旬は、3～4月の春先と9～10月の秋口の2回あります。主な産地は、北海道や徳島県ですが、私の会社がある岐阜県にも品質の良い椎茸があります。それが県北部、飛騨地方のブランド菌床椎茸「飛騨やまっこ」です。生産者は夏場はほうれん草やトマトを栽培していて、それらの収穫が終わった、秋から冬にかけての農閑期を利用して椎茸を栽培しています。厳しい寒さのなかで育った椎茸は、旨味が凝縮され、肉厚でジューシーな食感が特徴です。ボリュームがあるので、そのまま焼いてステーキにして食べると絶品です。

味・香りが良いのはカサが開いた椎茸

椎茸は、カサの開閉の度合いによって呼び名があります。7割まで開いたものを「どんこ」、それ以上は「ひらき」と呼びます。

カサを閉じている椎茸は、水分を含んでいるので、あみ焼きにすると、ジューシーな食感が楽しめます。味や香りを重視するのであれば、開いているものをおすすめします。これは椎茸に限らず、きのこ全般にいえることです。

菌床栽培の場合、収穫するまで半年ほどかかります。じっくりと時間をかけて育つことで旨味が凝縮されるのです。それは椎茸の軸を見れば分かります。太くて短いものを選んでください。

軸にも旨味が詰まっているので、細かく切ってかき揚げやチャーハンに入れて食べるのがおすすめです。

32

長芋
Chinese yam

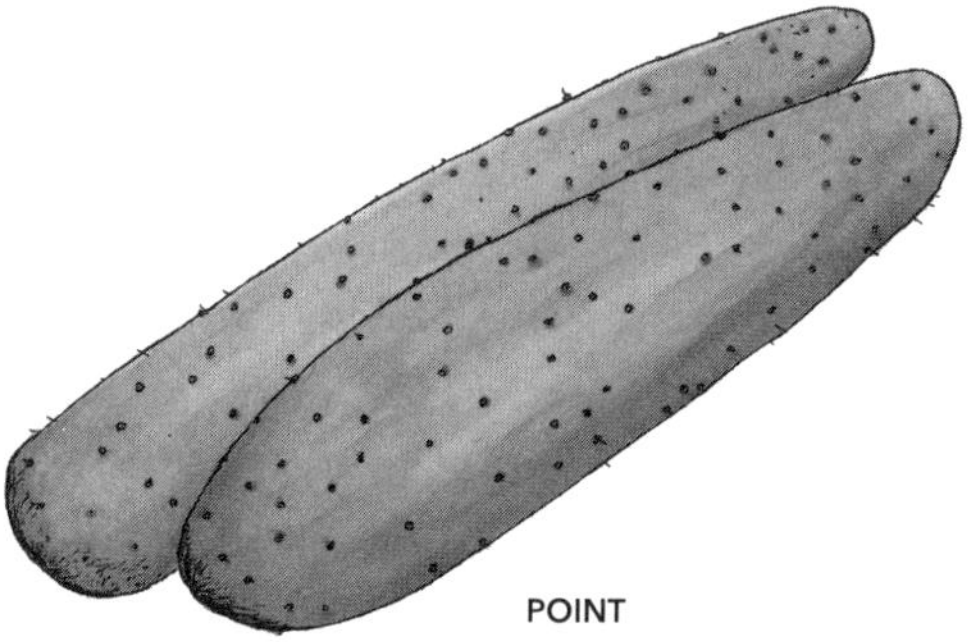

基本データ
［和名］長芋
［英名］chinese yam
［科・属］ヤマノイモ科ヤマノイモ属
［原産地］中国
［旬］11 ～ 12 月

POINT
・太いほうがアクが少なくなりやすい
・皮の色が赤っぽい、黒っぽいものは新鮮ではない
・根っこが伸びていないものはみずみずしい

生でも加熱してもおいしい水分量の多さが調理の幅を広げる

生食で栄養をすべて摂取できる

　ジャガイモや里芋などの芋と違って、生で食べられるのが長芋をはじめとする山芋の特徴です。生食が可能ということは、栄養素をまったく損なわず、すべて摂取できるわけで、健康志向が高まっている今、とても注目を集めています。

　山芋は、長芋のほかに大和芋や自然薯などがあります。そのなかでいちばん水分量が多いのが長芋で、自然薯は水分量が少なく、粘りが強いのが特徴です。大和芋の水分量と粘り気は、長芋と自然薯の中間くらいです。

自然薯や大和芋はすり下ろして食べるのが定番ですが、長芋は水分量が多い分、そのまま焼いたり、揚げたりと加熱してもおいしく食べられます。

もちろん、すり下ろしても、短冊にしてもおいしいです。変わったところでは、長芋の漬物もあります。これも水分量が多いからこそできるのです。

12月頃に店頭に並ぶものがおすすめ

国内で生産される長芋の約４割は青森県で作られたものです。ほかには北海道も栽培が盛んです。

山芋の旬は冬です。10～11月に収穫し、12月頃に売り場へ並んだものがいちばんおいしいと思います。その年に収穫しきれなかったものは、越冬して春に掘るので、店頭には1年中並びます。

おいしい長芋のポイントは、まず、太いことです。細い長芋は未成熟でアクが強い場合があるのでおすすめできません。また、カット面から水分が飛びやすく、長芋の良さが損なわれるので丸ごと１本売られているもののほうが間違いなくおいしいです。

長芋の皮は、蛍光灯に当たると赤っぽく変色します。赤みがかったものや、根っこが伸びているものは、売り場にずっと置いてある可能性があるので、注意してください。

33

スイカ

Watermelon

基本データ

［和名］スイカ

［英名］watermelon

［科・属］ウリ科スイカ属

［原産地］アフリカ

［旬］5～8月

POINT

・縞模様が濃い色

・ヘタの部分がキュッとしている

塩との組み合わせで熱中症予防！
夏の風物詩ともいえる果物

いちばんおいしいのは7月20日頃

最近では、塩を振らなくても十分おいしい品種が増えました。スイカに塩をかけるのは、甘味を引き出すだけではなく、熱中症予防にもなります。スイカはきゅうりと同様にウリ科で、体温を下げる効果があります。スイカと塩の組み合わせは、スポーツ飲料や経口補水液と同じなのです。

昔の人はスイカに塩を振って食べることで熱中症の予防をしていました。知らず知らずのうちのことだったのでしょうが、すごいと思います。

スイカは近年、収穫時期をずらしているので、売り場には9月いっぱいまで並ぶようになりました。秋以降はハウスで栽培されたものが百貨店や果物専門店へ出荷されるので、通年食べられます。

しかし、やはり、スイカは夏の風物詩です。梅雨が明けて、7月20日前後の海の日あたりがいちばんおいしく食べられる時期だと思います。

縞模様が濃いものがおすすめ

スイカのどの部分においしさを感じるのかは、人それぞれですが、私は圧倒的な水分量が織りなすシャリシャリとした食感に尽きると思っています。小玉スイカやマダーボールなど糖度が高い品種もたくさんありますが、シャリッと感では大玉にやや劣るものが多いです。

スイカを選ぶときは、まず、縞模様を確認してください。濃くてはっきりとしているものがおいしいです。それと、ヘタの部分がキュッと締まっているものもおすすめです。

また、スイカはいちごと一緒に野菜に分類する人もいます。その理由は、果樹ではないことに加え、鮮度劣化が激しいことにあります。収穫した瞬間から味が落ちていきますので、お店で購入したらその日のうちに食べきり、本来のおいしさを味わってほしいと思います。

34

柑橘

Citrus

POINT

- ヘタの切り口が小さい
- 枝傷や、リーフスタンプがある
- 皮と実の間に隙間がない（品種や貯蔵品かどうかにもよる）

種類によって異なる酸味と甘味のバランスを楽しむ

みかんとは違ったおいしさ

柑橘にはみかんも含まれます。しらぬい（デコポン）やポンカンなどは手軽に剥けますが、いよかんや文旦は、みかんのように簡単に手で皮は剥けません。甘味もみかんのほうが強いのですが、柑橘にはまた違ったおいしさがあるのです。

柑橘の多くは、冬から春にかけて旬を迎えますが、甘夏や夏みかん、八朔、晩柑など一部の種類は、春から初夏にかけて出回ります。

気温が上がって、汗ばむような季節に

なると、これらのさわやかな酸味と香りに癒やされたくなります。身体が甘酸っぱいものを求めているのです。

甘味が強い柑橘の新たな品種

最近では、酸味と甘味のバランスにこだわった品種も数多く開発されています。そのなかでも、清見とポンカンを交配させた「はるみ」と呼ばれる品種がおすすめです。

主な産地は広島県や愛媛県で、1月下旬から3月末まで出荷されます。みかんと同様に皮が薄めで、容易に手で剥くことができます。じょうのう（薄皮）も柔らかいので、袋ごと食べられるのも特徴です。

特筆すべきは、柑橘特有のプチプチとした食感です。口の中で弾けると、甘味と酸味が広がります。そのバランスが絶妙なのです。ほかにも濃厚な甘味と酸味が楽しめる「せとか」やゼリーのようなプルプルとした食感の「紅まどんな」も人気です。

柑橘は、みかんと同様に、枝の先で太陽の光を浴びた実が濃厚な味になります。ヘタの切り口が小さいものや、枝が触れてできた傷、リーフスタンプがその目印になります。また、手で持ったときにずっしりと重みがあって、皮が浮いていないものを選ぶようにしてください。

35

ズッキーニ

Zucchini

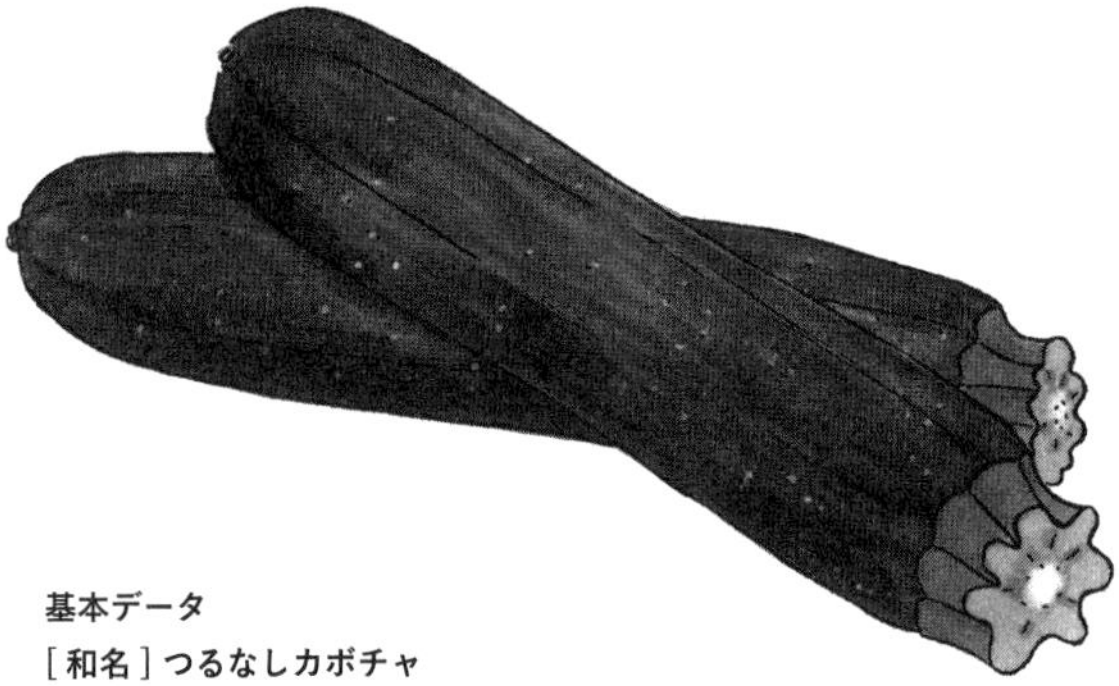

基本データ

[和名] つるなしカボチャ

[英名] zucchini

[科・属] ウリ科カボチャ属

[原産地] 北アメリカ南部、メキシコ北部

[旬] 6～9月

POINT

・ヘタや切り口の色が鮮やかで、かさぶたのようなものがある

・整った形で、実にかたさがある

・太さが均一

油を使った調理法がおすすめ！食感を楽しむ夏野菜

さまざまな調理法で楽しめる

焼いたり、揚げたり、薄くスライスしてサラダにしたりと、ズッキーニの用途はまさにオールラウンドです。

油との相性が良いので、輪切りにしてバターで炒めて、その上にチーズやベーコンをのせて食べるのがおすすめです。ほかにも豚バラ肉と炒めたり、ひき肉のはさみ揚げにしたりと、さまざまな食べ方があります。

ズッキーニは味というより食感を楽しむ野菜です。水分を多く含んでいるので、厚く切った分だけほかの食材の旨味を吸っておいしくなります。

ズッキーニの大きさの平均は約18センチです。もっと大きいほうが使い勝手がよいと考えて、私は生産者とともに25センチ以上のズッキーニを開発し、「キングズッキーニ」として売り出しました。このように、ズッキーニは種類によって、大きさや色形がさまざまで、バリエーションが豊富です。

ズッキーニは、鮮度が命

ズッキーニは、売り場に通年並んでいます。しかし、本来は夏野菜なので、春先から夏場にかけて流通量はぐんと増えます。

ズッキーニの主な産地としては、長野県や茨城県、群馬県などが挙げられますが、育てやすいため、ほぼ全国で作られています。

ズッキーニの鮮度は、ヘタの切り口を見れば分かります。色が鮮やかでかさぶたのようになっているものは、乾燥を防ぐための自己修復の痕なので、鮮度が良い証拠です。

また、ズッキーニは日数が経つと、水分が抜けて柔らかくなったり、種が大きくなって変形したりします。そのため購入する際は、手で握ってかたさを感じるものや、太さが均一で、形の整ったものを選んでください。

36

セロリ

Celery

基本データ
［和名］オランダミツバ
［英名］celery
［科・属］セリ科オランダミツバ属
［原産地］ヨーロッパ、
西南アジア、インド
［旬］4～7月、11～12月

POINT

- 切り口が変色していない
- 筋の凸凹がはっきりしている
- 茎の部分が太く、ハリがある

サラダ・スープによく合うセロリは芯に旨味が詰まっている！

セロリは栽培が難しい野菜の一つ

サラダやスープに用いて風味を楽しむセロリは、長野県と静岡県で栽培が盛んで、春と秋に旬を迎えます。特に春は、サラダに使われることが多く、需要が伸びます。

一般的にセロリとして売られているのは、茎が薄緑色の「コーネル619」という品種です。

ほかには、茎が緑色の「グリーンセロリ」があります。筋は多めですが、香りが弱めで、栽培が簡単なのが特徴です。

最近では、水耕栽培した「ホワイトセロリ」も出回っています。この品種は柔らかくて筋が少なく、独特の香りも少ないので、主にサラダに用いられています。

セロリを栽培する際には、ほかの野菜の2〜3倍の量の堆肥を使います。そのうえ、春は１２０日、秋は１５０日と生育期間も長いので、作るのがとても難しい野菜の一つです。しかし、手間ひまを掛けて育てた分だけ、しっかりと養分を蓄えています。

セロリは芯がいちばんおいしい

店の売り場にいると、セロリの茎はどこまで食べられるかと、よく尋ねられます。

実は、セロリは、茎の下の芯の部分にこそ味が詰まっているのです。

芯はかたいので、捨てられることが多いのですが、非常にもったいないと思います。芯からは濃厚なだしが取れるからです。ですので、スープを作るのであれば、是非、芯が付いたセロリを買ってください。

セロリは劣化すると、切り口が変色します。また、葉っぱも黄色くなります。茎の緑色が濃いもの、葉っぱが青々とした、元気のあるものを選んでください。茎の部分が太くて、筋の凸凹がはっきりとしたものもおすすめです。

37

オクラ

Okra, Gumbo

基本データ

［和名］アメリカネリ
［英名］okra, gumbo
［科・属］アオイ科アオイ属
［原産地］アフリカ北東部
［旬］7～8月

POINT

・萼《がく》の切り口が変色していない
・7～8cmくらいのもの（大きくなり過ぎるとかたくなる）
・柔らかく、弾力があるもの

おひたしや浅漬けがおすすめ！「オクラ茶」はダイエットに効果的

果皮が赤い「赤オクラ」も

オクラの主な産地は、鹿児島県や高知県、宮崎県、沖縄県です。夏野菜なので、やはり、暖かい地域での栽培が盛んです。

これらの産地からスーパーなどに出荷されるのは、5~10月の期間です。11月以降は、タイ産やフィリピン産などの輸入ものに切り替わります。

スーパーの売場に並ぶオクラは、断面が五角形の「アーリーファイブ」という品種が大半ですが、ほかの種類には、長くて断面の丸い「丸オクラ」や果皮が赤い「赤オクラ」などもあります。

丸オクラは、粘り気が強い半面、種が口の中に残りやすいため、あまり市場には出回っていません。生産者が道の駅などで販売しているケースが多いです。

赤オクラと一般的なオクラでは、風味や粘り気、大きさなどに大差はありません。赤い色はアントシアニンという色素が関係しています。加熱すると色だけではなく、栄養素も抜けてしまうので、生で食べることをおすすめします。

おいしいオクラは、7～8㎝が目安

オクラは、大きくなり過ぎるとかたくなります。7～8㎝くらいの大きさのもので、手で握ったときにしっかりとした弾力を感じるものがおいしいです。また、鮮度が落ちてくると、ヘタが変色するのもオクラの特徴です。そのため、切り口を見て鮮度の良さそうなものを選んでください。

オクラを使った料理は、茹でて鰹節と醤油に和えるおひたしが定番ですが、浅漬けもおすすめです。漬ける前にサッと湯通しすると、よりおいしく漬かります。

おかずにするだけでなく、緑茶パックとともにヘタを切ったオクラを水に浸して作る「オクラ茶」もおすすめです。血糖値の上昇を抑え、ダイエット効果もある健康茶として注目されています。

38

ミョウガ

Japanese ginger, Mioga ginger

甘酢漬や薬味が定番！
実は料理のメインにも使える

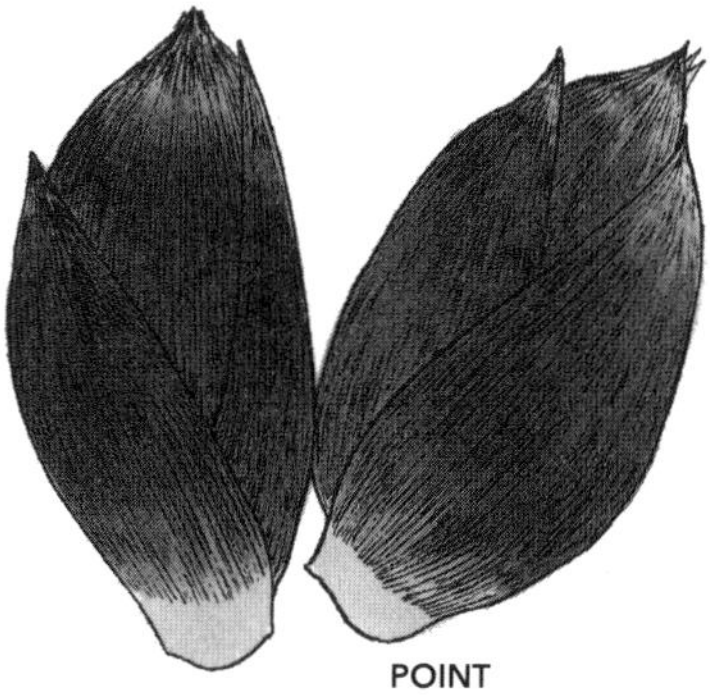

基本データ

［和名］ミョウガ（茗荷）
［英名］japanese ginger, mioga ginger
［科・属］ショウガ科ショウガ属
［原産地］東アジア
［旬］5～9月

POINT

・ピンク色が鮮やかなもの（黒くなると価値が下がる）
・ふっくらと丸みがあるもの
・葉が閉じているもの
・香りを楽しむだけなら安いもので充分

薬味だけでなく料理のメインにもなる

ミョウガは定番の甘酢漬けをはじめ、刺身のツマや、そうめんの薬味などによく使われます。

ミョウガの国内生産の約9割は高知県で、郷土料理のカツオのたたきにもミョウガがのっています。

しかし、ｗｅｂで検索すると、和え物や炊き込みご飯、かき揚げなどミョウガをメインに使用したレシピも数多くあります。

ミョウガのもつほのかな苦味と独特の

香り、シャキシャキとした食感は、確かに料理の脇役にするにはもったいないかもしれません。

ミョウガは白い部分がおいしい

ミョウガは施設栽培のため、売り場には通年並びます。気温が高まって、そうめんが恋しくなり始める5～6月頃に最盛期を迎えます。

ミョウガは、花のつぼみです。売り場で見たときに、先端から花が出ているものや花が咲きかけているものは、食感がかたくなるので避けるとよいです。ふっくらと丸みがあって、身が締まっているものを選んでください。

ミョウガのつぼみの下には、白っぽい部分が付いています。これは土から養分を運ぶための管であり、おいしさが詰まっています。管の部分も捨てずに料理に使うことで、ミョウガの濃厚な味わいが楽しめます。

ミョウガは色で等級が決まります。一般的に、黒っぽいものよりもきれいなピンク色をしているものが良いとされています。確かに、そうめんや冷や麦にきれいなピンク色のミョウガをのせると、1ランク上の料理に仕上がります。しかし、香りや味だけを楽しみたいのであれば、色はそれほど気にしなくてもよいと思います。

39

れんこん

Lotus root

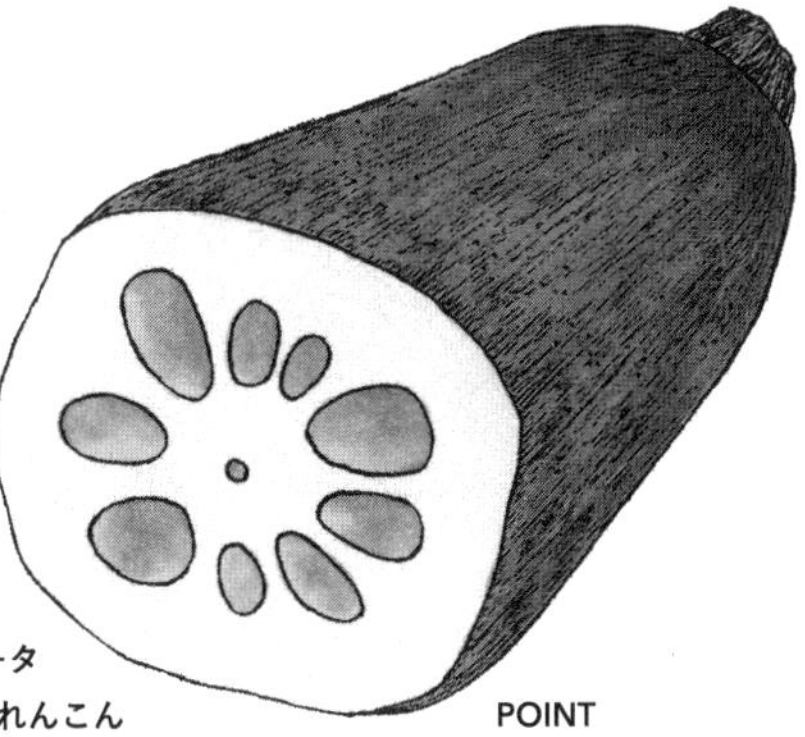

基本データ

［和名］れんこん

［英名］lotus root

［科・属］スイレン科ハス属

［原産地］不明（アジア熱帯やエジプトなど諸説あり）

［旬］9～3月

POINT

・切り口が変色しておらず、白いもの

・細く、小さめのもの

・芽が付いている先端の節のもの

品種で食感が異なるれんこんは使う種類に合わせて調理を

シャキシャキ系ともっちり系の2種類

れんこんは大きく分けて、丸みを帯びてシャキシャキとした食感の「金澄《かなすみ》」と、細長い形でもちっと糸をひくような食感の「備中」の、2種類の品種があります。

ほとんどのスーパーではどちらか1種類しか置いていませんが、可能であれば、金澄はきんぴらや天ぷら、サラダなどに使用して、備中は煮物にするというふうに、品種によって使い分けるのがおすすめです。

金澄は主に茨城県、備中は愛知県や徳島県で栽培されていることから、関東では金澄、東海地方や関西では備中が好まれています。

金澄と備中は、それぞれ栽培方法も異なります。金澄は、池のように水を張った畑の土の中にあるれんこんを、ホースの水圧で収穫します。

一方、備中は、畑の水を抜いたあと、重機で土の表面をうっすらと掘ってから手作業で収穫します。

細くて小さいれんこんがおすすめ

東海地方では、れんこんは泥が付いた状態で売られています。そのほうが日もちするといわれていて、泥付きで売るのが昔からの習慣になっているため、関東のように洗ったものがなかなか認知されなかったのです。

泥が付いたままでは、おいしいれんこんを見分けるのはなかなか難しいですが、なるべく切り口が白いものを選んでください。鮮度が落ちてくると黄色っぽくなります。白いれんこんはえぐ味や雑味がありません。

れんこんは、節に分かれて成長します。芽が付いている先端の節は、繊維が細くて柔らかいのでおすすめです。かたいものが多い二番目以降の節は、太くて大きくなるため、売り場では細くて小さいものを選んでください。

40

玉ねぎ

Onion

基本データ

［和名］玉ねぎ　［英名］onion

［科・属］ヒガンバナ科ネギ属

［原産地］中央アジア〜地中海沿岸

［旬］3〜5月

POINT

・首の断面を見たとき、実がしっかり詰まっていて中がふわふわしていないもの
・きれいな丸型をしている（とっくり型、楕円型ではない）
・きれいな飴色をしている

さまざまな料理に使える常備野菜！新玉ねぎは生食向き

玉ねぎは常備野菜の代表選手

和洋中のジャンルを問わず、幅広い料理に使えるのが玉ねぎです。煮たり、焼いたり、揚げたりと調理法によって味や香り、食感が変わるのも魅力です。常備野菜としてストックしている人も多いと思います。

国内における玉ねぎの生産の50％以上は北海道が担っています。ほかには佐賀県や兵庫県の淡路島も玉ねぎの産地として有名です。

北海道では、玉ねぎの収穫は7月下旬

に始まり、10月までに終わります。収穫したばかりの玉ねぎは、水分が多くて柔らかいのですが、傷みやすいため、乾燥させなければなりません。

田舎へ行くと、農作業小屋の軒下に吊るされた玉ねぎをよく見かけますが、あれは玉ねぎを風にさらすことで乾燥させているのです。

新玉ねぎは別の品種

年明けから3月末までは、新玉ねぎも出回ります。新玉ねぎは通常の玉ねぎとは別の品種で、収穫してからすぐに出荷されます。

新玉ねぎは、皮が薄くて白っぽいのが特徴で、果肉は柔らかくて甘味があります。辛味が少ないため、サラダなど生食に向いています。また、丸ごと煮てふろふき玉ねぎにしてもおいしいです。

ただ、通常の玉ねぎと違ってあまり日もちしないので、購入したら早めに食べきるようにしてください。

玉ねぎは、首の部分に隙間があったり、芽が出ていたりするものや、触ってフワフワしているものは味が落ちていたり、傷んでいたりします。

大きくて、ふっくらと丸みがあるものや、ずっしりと重いもの、皮がしっかりと乾燥していてつやがあるものを選んでください。

41

小松菜

Spinach mustard

基本データ

［和名］小松菜
［英名］spinach mustard
［科・属］アブラナ科アブラナ属
［原産地］中国
［旬］4〜5月

POINT

- 葉っぱや茎を押したとき、戻ってくるほど弾力があり、かたすぎないもの
- 淡い緑色のもの

関東で人気の小松菜はカルシウムなどの栄養が豊富

関東でメジャーな野菜、小松菜

小松菜は、江戸時代に東京都江戸川区の小松川周辺の特産であったことから、地名にちなんでその名が付けられました。

東海地方では、お正月の雑煮や煮物、名古屋名物のきしめんの彩りに使う程度の、どちらかといえばマイナーな野菜です。

一方、関東では、おひたしや炒めもの、味噌汁の具、サラダなど、日常的に料理に小松菜が使われています。茨城県や埼玉県では小松菜の栽培が盛んに行われています。

小松菜には、群馬県の武州寒菜《ぶしゅうかんな》、新潟

県の大崎菜など、さまざまな地方品種があります。

小松菜は、指を押し返す弾力が重要

　小松菜は、アブラナ科の野菜で、本来は4～5月に旬を迎えます。夏場は、同じ葉物野菜であるほうれん草の出荷が少なくなるので、その代用品として小松菜の需要が高まります。

　現在では品種改良が進み、季節を問わず栽培されています。なかには、夏場に気温40度でも栽培できる品種もあります。

　また、葉の形が長細いものや丸いものなどさまざまな品種があります。最近では、葉が丸形で厚みがあるものが主流となっています。

　小松菜に限らず、葉物野菜は、指で押したときに押し返すような弾力が重要です。葉がかたすぎて折れそうになってしまうものや、逆にくたくたになっているものは避けてください。色は濃いものよりも淡いもののほうがえぐ味が少なくておいしいです。

　小松菜は、よくほうれん草と混同されますが、栄養素において違いがあります。小松菜のカルシウムの含有量は、ほうれん草の約3倍で、野菜のなかでもトップクラスです。鉄分やビタミンCも豊富に含まれているので、是非、日常の食生活に取り入れてください。

42

にんにく

Garlic

基本データ

［和名］にんにく　［英名］garlic

［科・属］ヒガンバナ科ネギ属

［原産地］中央アジア

［旬］6～8月

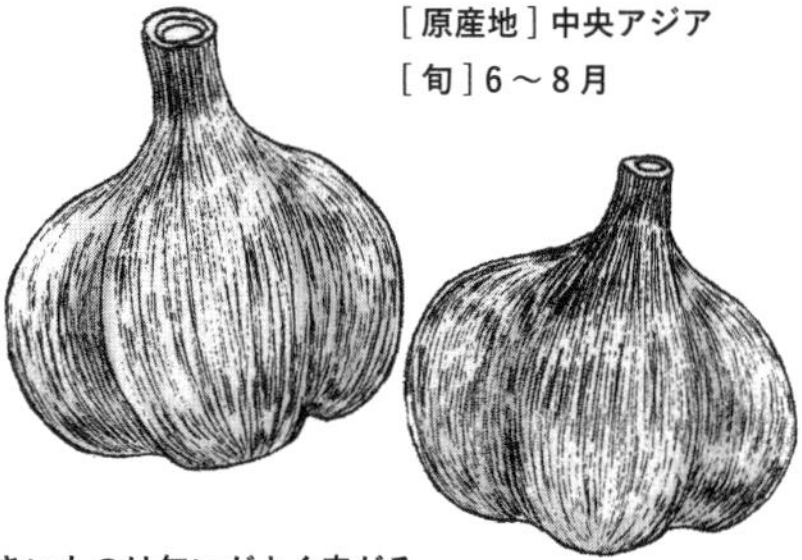

POINT

・粒の大きいものは匂いがよく広がる

・福地ホワイト六片は圧倒的に匂いが強い

・頭と茎の部分がしっかり締まっている

・粒が大きく均等なサイズで、かたく、重みがある

特産地・青森県では甘味の強い品種も栽培

新型コロナの外出自粛で需要増？

新型コロナウイルスの感染拡大後、にんにくの需要が伸びました。自宅で過ごすことが増えた影響か、これまで匂いを気にしてにんにくの摂取を躊躇していた人が、にんにくを買うようになったからです。

多くのスーパーでは、にんにくは国産ものと輸入ものの両方を用意しています。ひと昔前までは輸入もののにんにくといえば中国産でしたが、今はスペイン産が主流になっています。

にんにくの特産地、青森県の強み

にんにくの産地で有名な青森県では、「福地ホワイト六片」という品種を栽培しています。この品種は青森県南部町福地地区（旧福地村）が原産地で、雪のような白さが名前の由来です。「福地ホワイト六片」はにんにくの球が四つ〜六つに分かれていて、粒が大きく、甘味と香りが強いのが特徴です。

「福地ホワイト六片」以外の青森県産のにんにくも、大粒で甘味が強いものが多いです。その理由は、にんにくが雪の下で糖度を蓄えるからです。青森の厳しい冬を乗り越えたにんにくは、甘味があり風味の豊かなものになるのです。

青森県以外のにんにくの産地は、北海道や香川県、鹿児島県などです。また、私の会社がある岐阜県でも作られています。

にんにくは、ほかの野菜と違ってサルやイノシシなどの野生動物が食べないので、生産者にとっても栽培しやすいというメリットがあるため、さまざまなところで栽培されているのです。

にんにくは、粒が大きいほど香りが広がります。

売り場では、頭と茎の部分がしっかりと締まっていて、手で触ったときにかたくてずっしりと重みのあるものを選んでください。「福地ホワイト六片」は、やや値が張りますが、どれを選んでもおいしいです。

43

ショウガ

Ginger

基本データ
［和名］ショウガ　［英名］ginger
［科・属］ショウガ科ショウガ属
［原産地］南アジア（熱帯アジア）
［旬］9～10月

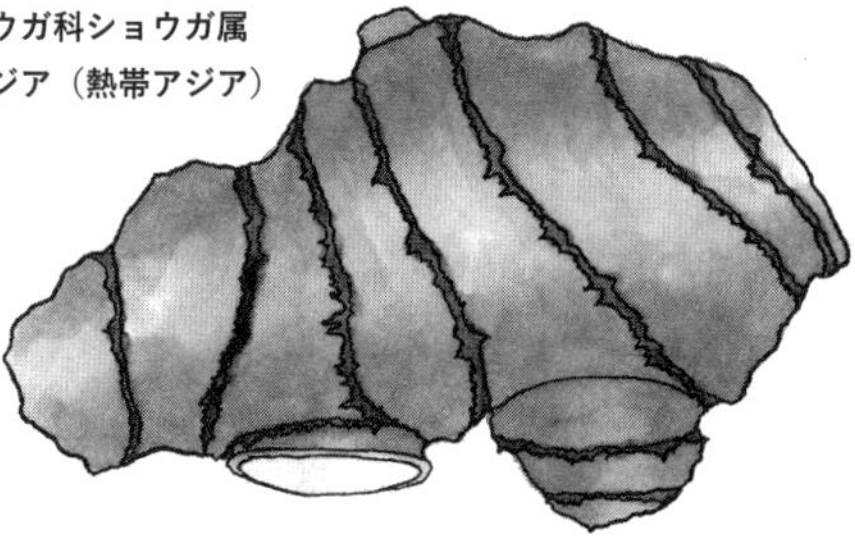

POINT
・形が細いほど辛味が強い。ぷっくりしているものは辛味がマイルド
・新ショウガは真っ白なほうが辛味がない
・皮全体につやがある
・切り口が白かクリーム色で、みずみずしい

チューブでも売られているが使うなら断然、生がおすすめ

ショウガは薬効成分が満載

豚肉のショウガ焼きや煮魚の臭み消し、そうめんなど麺類の薬味、ジンジャーエールなど、ショウガは香辛料としてさまざまな料理に使われています。

消臭効果や殺菌効果、解毒作用などのほか、血行促進の働きもあり、冷え性対策や風邪の予防にも用いられています。最近では、これらの薬効に着目したショウガ料理専門店もオープンしています。

スーパーなどではチューブ入りのショウガが売られています。すり下ろす手間が省けるので、とても便利ですが、やはり下ろしたての生ショウガの味と香りには敵いません。これまでチューブ入りのものを使っていた方は是非、その違いを実感してほしいと思います。

ショウガの主な産地は、高知県や熊本県、千葉県です。寒くなる前の10〜11月に収穫し、土が付いたまま貯蔵します。ショウガは乾燥を防ぐために酵素を出します。その働きによって表皮の色が飴色に変化し、辛味成分も増します。貯蔵庫から、翌々年の1月まで出荷されます。

切り口のみずみずしいものを

ショウガは根の部分だと思われがちですが、ジャガイモやにんにくと同様に、地中にある茎、地下茎です。根と地下茎は似ていますが、根は地中の水分や養分を吸収する器官、地下茎はそれらを運ぶ器官と、役割が異なります。

形が細いショウガは辛味が強く、ぷっくりとしているものは辛味がマイルドになります。また、皮全体につやがあって、切り口が白、またはクリーム色のみずみずしいものを選んでください。

3〜6月にかけて収穫されるのが新ショウガです。繊維が柔らかく、辛味も控えめです。そのため、シャキシャキとした食感とさわやかな香りを楽しむことができます。

44

ニンジン

Carrot

カレーやシチューに欠かせない野菜
皮に栄養が詰まっている

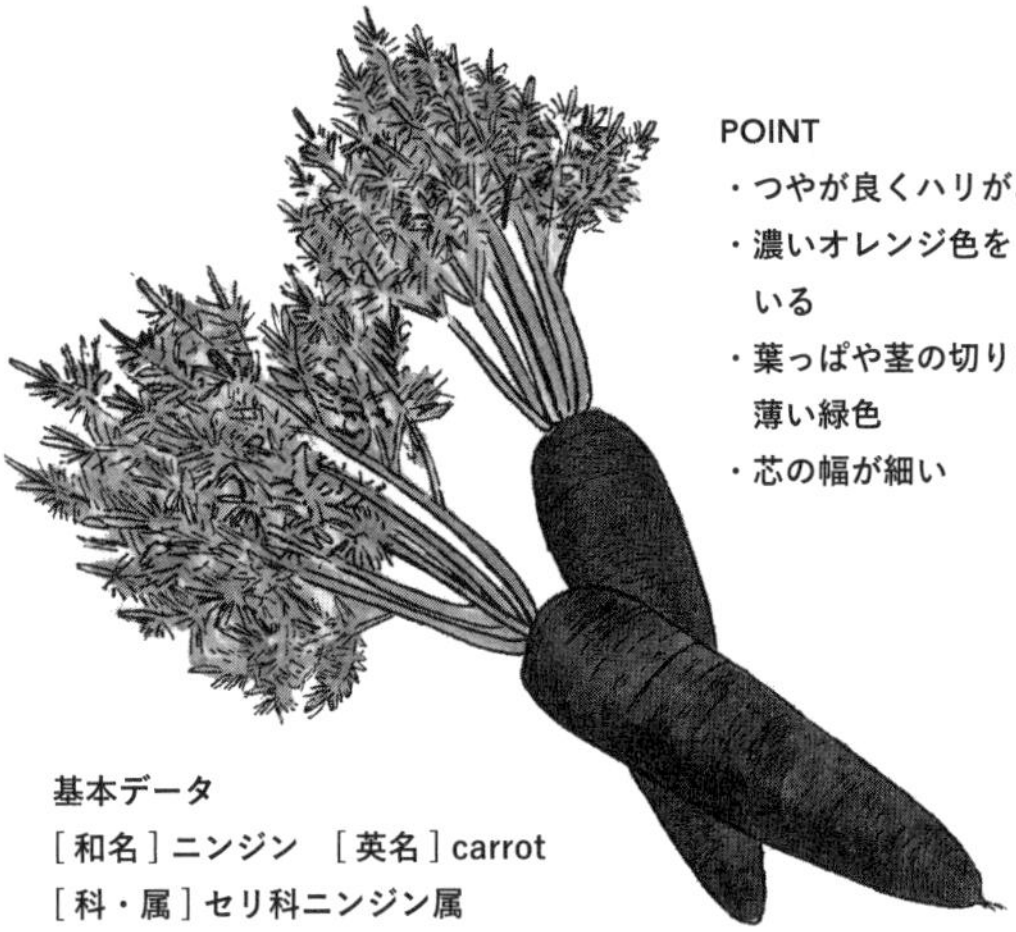

POINT
- つやが良くハリがある
- 濃いオレンジ色をしている
- 葉っぱや茎の切り口が薄い緑色
- 芯の幅が細い

基本データ
［和名］ニンジン　［英名］carrot
［科・属］セリ科ニンジン属
［原産地］アフガニスタン周辺
［旬］4〜7月、10〜12月

ブイヨン作りには欠かせないニンジン

ニンジンはセリ科で、本来は香りを楽しむ野菜です。ひと昔前は、その独特な匂いや風味が子どもに不人気でした。しかし最近では、品種改良が進み、ニンジンが嫌いな子どもも少なくなりました。

ニンジンは、カレーやシチューなどの煮込み料理やスープを作る際、具材として使うのはもちろん、味のベースとなるブイヨンにも欠かせない野菜です。ニンジンの甘味や香りが加わることで味にコクが生まれるのです。

ニンジンは皮の部分に栄養が詰まっています。スープを取る際に剥いた皮を、だしパックなどに入れて一緒に煮込むと、皮部分の栄養も無駄なく摂ることができます。

ほかに炒めもの、サラダなどにもニンジンはよく使われます。料理のメインとなる野菜ではありませんが、ニンジンを入れることで彩りが豊かになります。

ニンジンは切り口を見て選ぶ

ニンジンは、北海道と千葉県で全国の生産量の半数近くが作られています。スーパーなどの売り場には、さまざまな産地をリレーしながらニンジンが通年並んでいます。

なかでも甘味や栄養成分がいちばん豊富なのは、秋から冬にかけてのものになります。

ニンジンを選ぶ際は、皮につやと張りがあって、オレンジ色が明るくて濃いものをおすすめします。

肩の部分が緑がかっているものや、全体的に黒っぽいものは、生育状態が悪い、もしくは鮮度が落ちている証拠ですので、おいしくありません。

また、「芯」にも注目してください。断面が小さいものは繊維質が少なくて柔らかいです。茎や葉に養分が取られていない証拠でもあるので、栄養価も高いといえます。

45

ナス

Eggplant

基本データ

［和名］ナス

［英名］eggplant

［科・属］ナス科ナス属

［原産地］インド東部

［旬］7～9月

POINT

・つやがある

・切り口がみずみずしい

・押し返すくらいの適度なハリがある

揚げ浸しや天ぷらがおすすめ 地域ごとにさまざまな品種がある

夏の暑さに疲れた身体が本能的に求める

ナスには、がんを抑制する抗酸化作用があるナスニンというポリフェノールの一種や、血圧の上昇を抑えるカリウムといった栄養が含まれています。とはいえ、ナスの実はほとんどが水分でできているので、決して栄養価が高い野菜とはいえません。

そのうえ、熱を加えると栄養分はほとんど失われます。それでも夏になると食べたくなるのは、噛んだときに溢れ出す水分を、夏の暑さに疲れた身体が本能的に求めているからです。

ナスは、煮る、焼く、揚げる、と調理法を選びません。特に油との相性が良いので、揚げ浸しにしたり、天ぷらにしたりして食べるのがおすすめです。

千両ナスと長ナス、それぞれの特徴とは

ナスの主な産地は、高知県と熊本県、茨城県です。地域によって、丸ナスや小ナス、米ナス、水ナスなどさまざまな品種が作られています。

一般的にスーパーで並んでいるのは、13㎝から15㎝くらいの千両ナスと、西日本や東北で栽培されている20センチ以上の長ナスです。

千両ナスは、皮が薄くて、果肉のきめが細かいのが特徴です。加熱すると、果肉がトロトロになるので、だしをたっぷりと含ませた煮物や天ぷらに使用するのがおすすめです。

一方、長ナスは、千両ナスよりも皮が厚くて、加熱しても煮くずれしにくいのが特徴です。そのため、麻婆ナスや焼きナス、田楽、パスタ料理などに向いています。


ナスを選ぶ際には、皮が濃い紫色でつやとハリがあり、ふっくらとして重みのあるものがおすすめです。また、切り口がみずみずしく、ヘタにあるトゲがピンとしたものが新鮮です。

46

マンゴー

Mango

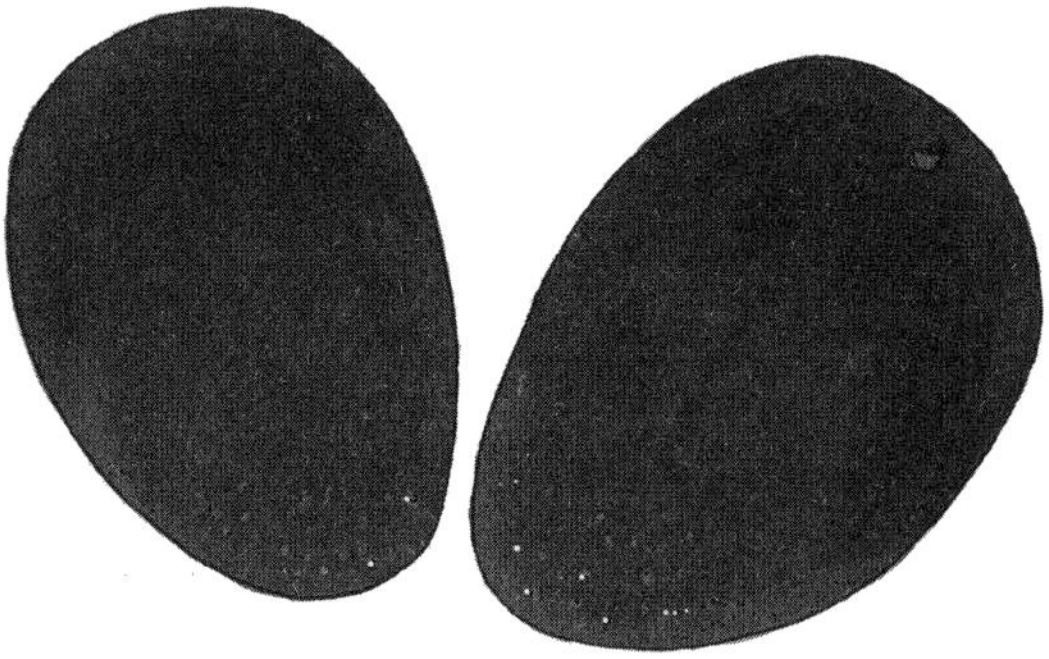

基本データ

［和名］マンゴー　［英名］mango

［科・属］ウルシ科マンゴー属　［原産地］インド、マレー半島

［旬］4～8月（産地による）

輸入もののマンゴーのなかでは台湾産がおすすめ

濃い赤色の実は甘味が強い

マンゴーは宮崎県産や沖縄県産などのほか、タイや台湾、メキシコ、フィリピンからの輸入ものもあります。国産マンゴーは、実が自然落下するまで熟成させてから収穫するので、買ったその日に食べられます。輸入ものは完熟前に収穫しますが、台湾産は完熟したものを空輸するので外国産のなかではおすすめです。赤と黄のツートンカラーが好まれますが、赤が濃いものは糖が飽和している状態で、濃厚な甘味が楽しめます。

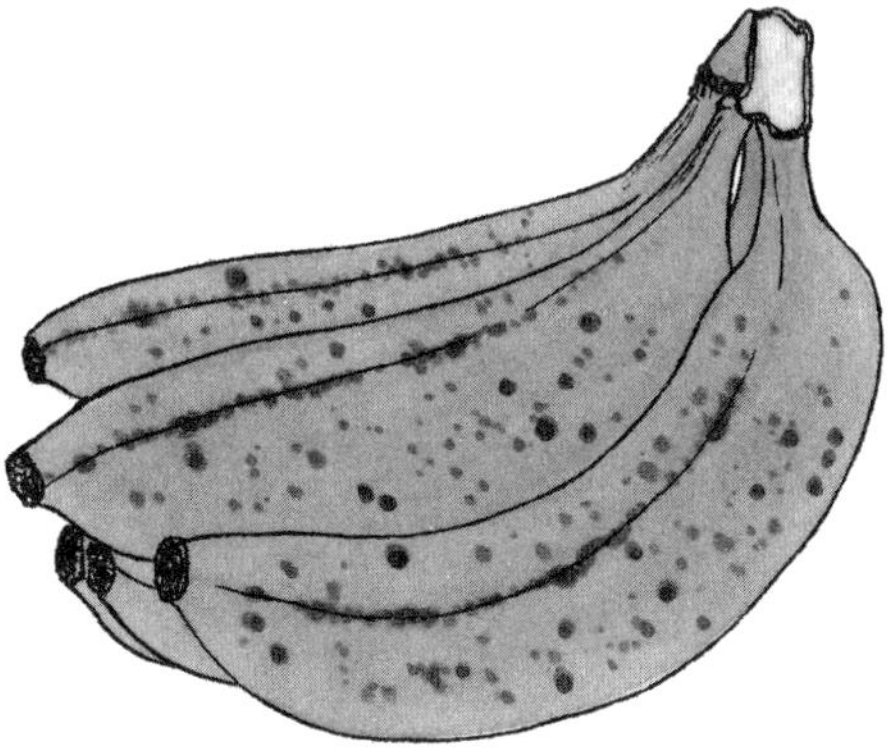

47

バナナ

Banana

基本データ

［和名］ミバショウ（実芭蕉）［英名］banana

［科・属］バショウ科バショウ属　［原産地］東南アジア

高冷地で育ったバナナは糖度が高くなる

甘い証のシュガースポット

フィリピン産バナナのなかでも、高冷地で栽培されたものは、朝と夜の気温が低いため養分を蓄え育ちます。

その結果、もっちりとした食感が生まれ、糖度が高くなります。エクアドルやメキシコのバナナももともと標高の高いところで作られており、甘さや食感が良いです。エクアドルでは日本人が作った「田辺農園バナナ」が有名です。甘く熟したバナナにはシュガースポットという茶色い斑点が現れます。

48

アボカド

Avocado

基本データ

［和名］ワニナシ（鰐梨）［英名］avocado
［科・属］クスノキ科ワニナシ属 ［原産地］中南米
［旬］10月下旬～1月（国産）、3～6月（メキシコ産）

濃厚な味わいを求めるなら脂肪分の多さで選ぶ

食べ頃は皮の色で判断

「森のバター」といわれるとおり、人々はアボカドにまったりとした味わいを求めます。輸入元や販売店はニーズに応えようと、それぞれこだわりのアボカドを売り出しています。私の会社で取り扱っているのは、スミフルのプレミアムリッチアボカドです。アボカドのオイルコンテンツ（脂肪分）は通常15～20％ですが、プレミアムリッチは20～25％もあります。アボカドは優しく押すと柔らかく、皮が茶色か黒色になったら食べ頃です。

49

イチジク

Common fig, Fig tree

基本データ

［和名］無花果（イチジク）［英名］common fig, fig tree
［科・属］クワ科イチジク属　［原産地］アラビア南部
［旬］6月下旬～8月上旬、8月下旬～10月中旬

春から秋まで出回るイチジク いちばんおいしいのはお盆頃

お尻が割れたものが良い

主な産地は、和歌山県や愛知県、兵庫県などです。4月中旬から11月上旬まで出荷され、7月末からお盆明け頃がいちばんおいしく食べられます。雨に弱く、晴天が続くとさらにおいしくなります。鮮度劣化がとてもはやいため、近くの産地のものを選んでください。また、色づきがよく、皮にハリと弾力のあるものがおすすめです。さらに、お尻の部分が割れていて、裂け目から真っ赤な果肉が見えているものはおいしいです。

50

ニラ

Garlic chives

基本データ

［和名］ニラ　［英名］garlic chives

［科・属］ヒガンバナ科ネギ属　［原産地］東アジア

［旬］3～5月

ニラの根本には味が詰まっていてスープ作りに最適

色濃く、香り強い一番ニラ

ニラは高知県や栃木県、茨城県で栽培されています。ハウスと露地で栽培し、1年中出荷されます。収穫しても、あとから何回も生えます。最初に収穫される一番ニラは、色が濃く香りが強いです。出回るのは7~8月です。二番目や三番目は弾力のある食感が特徴で、8~9月に出荷されます。ニラの根元の部分は捨てられることが多いですが、味が詰まっていてスープを取るのに最適なので、是非活用してください。

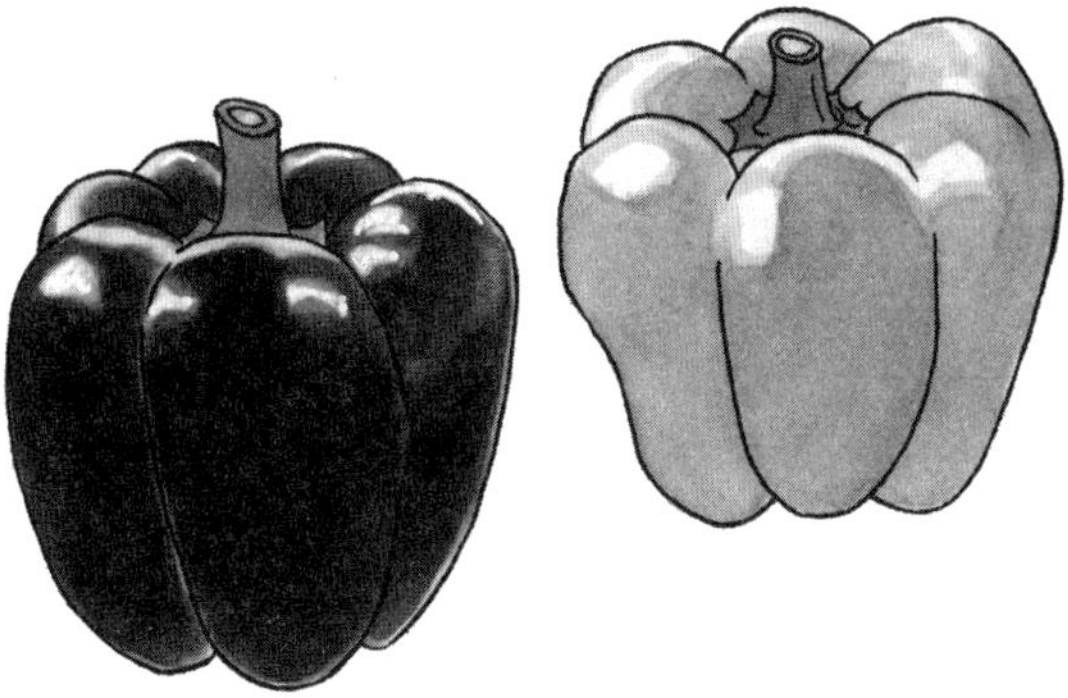

51

パプリカ

Bell pepper

基本データ
［和名］パプリカ　［英名］bell pepper
［科・属］ナス科トウガラシ属　［原産地］南アメリカ
［旬］6〜8月

ピーマンとは違う フルーティーな甘味が特徴

ハリとつやがあるものを

パプリカにはピーマンのような青臭さがなく、ほのかな酸味とフルーティーな甘味、彩りの良さが特徴です。未成熟のものは緑色で、成熟するにつれて赤や黄、オレンジになります。ここ4〜5年の間に全国で作られるようになりましたが、まだ韓国やオランダなどからの輸入が主流です。切り口が新鮮で、色が濃くてハリとつやがあるものを選びます。表面にしわがあるものは鮮度が落ちているので避けてください。

エピローグ

私の会社は、岐阜市中央卸売市場が開場した1971年に父が設立しました。私が4歳のときです。

小学校へ入学するまで毎朝、目が覚めると、私は祖父母の家にいました。両親は眠っている私を祖父母の家に預けて市場へ買付に行き、夕方頃迎えにくるのです。両親は寝る間も惜しんで働いていました。家でも電話で注文を取ったり、伝票を書いたりしている姿を今でも覚えています。とにかくお金がなくて苦労したそうです。

ある日、父は井戸で水を汲んでいたときに、そこからお金が湧き出てくるという夢を見ました。それが夢ではなく、現実であってほしいという思いを込めて、カネ井青果と名付けたのです。

私は青果の業界も、会社の経営も興味はありませんでした。父も会社を継いでほしいとは言いませんでした。しかし、将来のことを考えたときに、やはり父の仕事を手伝おうと決めて、大学を卒業した１９９０年4月に入社しました。

当時、岐阜市中央卸売市場に荷物が集まってくるのは朝5～6時でした。その前に起きて市場にいなければなりません。夜も遅いうえに、休日も出勤していました。週休二日制で、朝はゆっくりと出社して、夕方には帰宅する。一般企業に就職した同級生たちが羨ましくて仕方がありませんでした。なぜ、私だけがこんな泥臭い仕事をしなくてはいけないんだと毎朝、目を覚ますたびに思っていました。

正直、30年以上経った今でも、朝早く起きるのは楽ではありません。しかし、仕事の楽しさや、やりがいのほうが勝っているから、今日も頑張ろう！と、自分自身を鼓舞して毎朝市場へ向かうのです。

そう思えるようになったのは、入社して半年ほど経った頃のことでした。当時の市場では、生産者が持ち込む商品も多くて、その一人から私はショウガを１０００円で仕入れました。それを八百屋さんに１１００円で売ったのです。

この取引で１００円の利益が生まれたということになります。交渉次第では５００円にすることもできるし、逆に５００円でよいからと売って、損益になることもある。この駆け引きがとても楽しく、商売は自分にとって天職かもしれないと思いました。

私は入社するまで、市場の仕組みも会社の組織もまったく知りませんでした。父も仕事について、あれこれ言いませんでした。

それでも、たった一つだけ父から教わったのは、「市場で幅を利かせるには、とにかく買え」ということでした。極端なことをいえば、市場にあるすべての商品を買ったら、小売店は自分のところに買いに来るしかないのです。

たった100円の利益を機に、私はどんどん商品を売って、もっと儲けたいと思いました。そのためには、父の言うとおり、他社よりも数多くの商品を集めるしかありません。腐っていたり、傷んでいたりさえしなければ、買って、買って、買いまくって儲かればよいと考えていました。

当時の私は、おいしい野菜や果物を育てている生産者のことは眼中になく、青果物を金儲けの道具くらいにしか思っていなかったのです。

私が入社した1990年代は、青果を取り巻く環境が大きく変わり始めた時代でもありました。それまで人々は、野菜や果物を八百屋さんで買っていましたが、大型スーパーが町のあちこちにオープンし始めたのです。

「これからはスーパーの時代になる。スーパーを相手に商売をやっていこう」と、父もこれをチャンスととらえて、スーパーとの取引が始まりました。

当然、八百屋さんにとっては面白くありません。毎日さんざん文句を言われ、不買運動も起きました。それでも私の父は、スーパーに商品を卸すことを止めませんでした。

スーパーは、多店舗展開しているため、まとまった量が必要でした。しかも、決められた時間に確実に納品しなければなりません。

八百屋さんを相手にしていたときは、市場へ朝5時に行っても間に合いました。

ところが、スーパーの場合は、深夜に配送センターへ商品を届けねばなりません。そこから開店時間に間に合うように各店舗へ運ばれるのです。

その流通システムに対応するため、社員の勤務シフトを二部制や三部制にするなど社内の組織改革も行いました。また、市場での取引もセリから相対取引へと変わっていきました。スーパーの台頭によって青果の流通は大きく変わったのです。

仲卸は市場内に店舗があり、その場所を示す番号が与えられます。開場時の私の会社は5番で、くじ引きで決められました。岐阜市中央卸売市場が開場した１９７１年には48番までありました。

しかし、八百屋さんからスーパーへとシフトするなかで、廃業や吸収合併するところがだんだんと増えてきて、現在は半分くらいになってしまいました。スーパーが求める価格や品質、数量に応えることが難しく、競争に敗れていったのです。

実際、夜の2時までにスーパーの配送センターへ大量の商品を納品するのはかなり困難でした。１０００ケースと予測していたのに、いざ蓋を開けてみると、注文は２０００ケースだったことや、その逆のゼロということも多々あります。どうしても注文数分を確保できなかったときは、産地の農協から直接納品したこともあります。

私たちが扱っているのは青果なので、生産量や品質は災害や悪天候に大きく左右されます。工業製品とは違い、事前に計画が組めないのです。

毎日が綱渡りの状態で、不測の事態が起こったときに対応する能力が求められます。

私が入社した頃は、10人で各品目を分担していました。できるだけ彼らが担当する品目を少なくして、より専門性を高めたほうが品質だけではなく、数量を調整するのにも有効だと考えて、現在は20人に増員しました。

皆、自分の裁量で、より良いものをより安くお客様へ提供できるように奮闘しています。彼らもまた、私と同じように、入社したばかりの頃は青果に関する知識はまったくありませんでした。

知識は仕事をしていれば身につくものですし、知識があるからといって商売につながるとは思いません。商売は感性と、人とのコミュニケーション能力が大事だと思うのです。

例えば、１０００ケースの注文と予測していた商品が実際には２０００ケースだった場合、地元の市場だけではそろえられないことがよくあります。

その際、全国の市場や生産者に頼んで確保することになります。また、商品を運ぶ運送会社にも無理を聞いてもらわねばなりません。そこで、日頃、卸売市場や産地の方、運送会社の方とどのようにコミュニケーションを取ってきたのかが試されるのです。

だから、私はいつも社員に「時間があれば産地へ行って、生産者と会ってきなさい」と、話しています。私たちは、普段何気なく野菜を食べていますが、その背景には、想像を絶するような生産者の苦労があります。それを知ると、青果がとても尊く、ありがたく思えます。

私自身も、本書で紹介した生産者である佐原さんとの出会いによって、考え方が大きく変わりました。

野菜や果物を、まるで自分の子どものように大切に扱う生産者の姿を目の当たりにして、それまで青果を金儲けの道具としか思っていなかったことが恥ずかしくなりました。

それまで私がやっていたのは、原価に利益を上乗せして右から左へと商品を流していただけでした。青果がもつ価値を何一つ伝えることができていなかったことに気がつきました。

生産者が望んでいるのは、自分たちが作った野菜や果物が、消費者にどのように評価されているのかを知ることです。

　ネット通販などで消費者と直接つながっている生産者はまだごく一部で、大半は農協などに出荷するだけです。となると、生産者に消費者の声が届くことはありません。

　それならば、まず、私たちが本当においしいと思ったものを売ろうと思いました。その商品が売れているということは、おいしいという評価になります。それを生産者にフィードバックするのです。つまり、仲卸は、生産者と消費者をつなぐ役割も担っているのです。

　２０１７年にＪＲ岐阜駅の構内にオープンした直営店は、まさにそれがコンセプトでした。当初は、岐阜駅のバリアフリー化の工事が始まる２０２０年７月末までの期間限定予定の店舗として開店しました。

　おかげさまで好評につき、ＪＲ岐阜駅に隣接する商業施設のアクティブＧにその年の８月に移転オープンすることになりました。さらに、ＪＲ大垣駅や豊橋駅ビル、名古屋・栄のセントラルパークにも出店しています。

直営店で販売するすべての青果は、毎朝市場で私が自分の目で選んだものです。値段もその日に決めるので、あらかじめ折込チラシなどで宣伝できません。ＰＯＰもすべてスタッフの手書きです。店に並ぶ商品を見て、買ってもらうという昔ながらの八百屋のスタイルを貫いています。

直営店でこだわったのは、商品の品質だけではありません。ただ単に商品を並べているのではなく、スタッフを取り囲むような陳列、つまり、対面販売です。これもまた、昔ながらの八百屋の販売方法を取り入れました。

スタッフは皆、店に並ぶ野菜や果物を毎日味見し、味や食感を知り尽くしているため、それらの青果に対して自信と誇りをもっています。買い物に来たお客様は、旬の時期やおいしい食べ方などを気軽に尋ねることができるのです。私も店に立ちますが、いろいろなことを聞かれます。常連の方からは「この前買った大根、おいしかったよ」という感想も数多くいただきます。

いくら高品質の商品を置いていても、価格だけではその価値は伝わりません。ましてや、青果は生きものですから、販売マニュアルも作りようがありません。やはり、商品について熟知しているスペシャリストが必要なのです。青果は、人が介して売るものなのです。

それは青果のみならず、鮮魚にもいえることだと思います。おいしい魚を食べたいと思っても、懇切丁寧に教えてくれる店主がいる昔ながらの魚屋は、今ではなかなか見つかりません。だから、いつか魚屋と組んで仕事ができればと考えています。

昨今、日本人の野菜・果物離れが深刻化しています。農林中金総合研究所の研究員、宮田夏希氏の「果実の消費と生産の状況―生産の省力化が課題―」（２０２０年）によると、日本人１人の１日あたりの果物の摂取量は、ここ43年の間で半減しているそうです。

この状況の責任は、青果に携わってきた私たちにもあります。価格を重視するあまり、鮮度、品質、食味を軽視した青果を売ってきたのも原因の一つだと思うのです。

本当においしい野菜や果物を求める人が増えていけば、青果の業界も、ひいては日本の農業も必ず変わる日が来ると信じています。また、本書がそのきっかけとなることを願ってやみません。

〈著者〉

藤井雅人（ふじい まさひと）

カネ井青果株式会社 代表取締役社長

岐阜県生まれ。1990年に父が経営するカネ井青果株式会社に入社し、2001年に代表取締役社長就任。“野菜と果物のおいしさを伝えること”を使命とし、全国1000以上の生産者とのつながりをもとに、500社におよぶ食品量販店や飲食業、食品加工業者に青果を提供する。2017年には直営の八百屋を出店し、新鮮で高品質な青果の消費者への直接販売も開始。現在は全国の生産者と消費者を結びつけるため、生産者のネットワーク化やブランド青果の共同開発、グローバルな物流ルートの確保など、新たな流通システムの構築に注力している。

〈編集協力〉

原 秀臣（はら ひでただ）

カネ井青果株式会社

本書についての
ご意見・ご感想はコチラ

仲卸人が教える
本当においしい野菜・果物の見分け方

2021年10月28日　第1刷発行

著　者　　藤井雅人
発行人　　久保田貴幸

発行元　　株式会社 幻冬舎メディアコンサルティング
〒151-0051　東京都渋谷区千駄ヶ谷4-9-7
電話　03-5411-6440（編集）

発売元　　株式会社 幻冬舎
〒151-0051　東京都渋谷区千駄ヶ谷4-9-7
電話　03-5411-6222（営業）

印刷・製本　瞬報社写真印刷株式会社
装　　丁　株式会社 幻冬舎デザインプロ

イラスト　　オオスキトモコ

検印廃止

ISBN 978-4-344-93662-1 C0095
幻冬舎メディアコンサルティングＨＰ
http://www.gentosha-mc.com/